中青年经济与管理学者文库

本书感谢国家自然科学基金青年科学基金项目（"关系型稳定供应商的过度利益输送行为、保荐机构鉴证效应与IPO定价"，项目编号：71802088）以及教育部人文社会科学研究青年基金项目（"关联客户向IPO企业的利益输送：保荐机构鉴证与市场定价识别研究"，项目编号：18YJC630133）的资助。

中国式客户关系与企业股价崩盘风险研究

彭旋 著

中国财经出版传媒集团
中国财政经济出版社

图书在版编目（CIP）数据

中国式客户关系与企业股价崩盘风险研究／彭旋著．—北京：中国财政经济出版社，2019.8

（中青年经济与管理学者文库）

ISBN 978-7-5095-9099-7

Ⅰ.①中… Ⅱ.①彭… Ⅲ.①上市公司-企业管理-影响-股票价格-研究-中国 Ⅳ.①F832.51

中国版本图书馆CIP数据核字（2019）第139088号

责任编辑：孙 琛　　　　　　责任校对：黄亚青
封面设计：智点创意

中国财政经济出版社 出版

URL：http://www.cfeph.cn

E-mail：cfeph@cfemg.cn

（版权所有　翻印必究）

社址：北京市海淀区阜成路甲28号　邮政编码：100142

营销中心电话：010-88191537

北京财经印刷厂印装　各地新华书店经销

880×1230毫米　32开　8印张　181 000字

2019年8月第1版　2019年8月北京第1次印刷

定价：37.00元

ISBN 978-7-5095-9099-7

（图书出现印装问题，本社负责调换）

本社质量投诉电话：010-88190744

打击盗版举报热线：010-88191661　QQ：2242791300

策划人语

题记：一个人的精神成长史，取决于他的阅读史。只有阅读能最有效地培养精神生活习惯，而好的习惯又培养性格，性格决定人生。

——我们自豪，因为我们就是创造这精神产品的人。

选择了飞翔，总能看到蓝天；选择了远航，总能感受大海。人生不仅要作出选择，也要坚持住自己的选择。学会计、当编辑是我的意外选择。人说编辑是为人做嫁衣，可是这一选择我坚持了27年，苦在其中，乐在其中，也算是有声有色。每当我把一本本好书呈献给人们的时候，我觉得我是"富贵"的人：富，不是你身上的钱财，而是你心里的满足；贵，不是你地位的显赫，而是你被人需要的程度。

书海探寻，情怀永恒

我要说，做编辑我幸运，因为我不仅是第一个读者，可以对作品"品头论足"，也可以对作品"生杀予夺"；更重要的是，这是一个很高层次的平台，在多年与名家的交往和名著的"对话"中，深深地为他们的人格和才学所感动，被作品的精彩所吸引，这不仅使我"下笔如有神"，更使我的思想和灵魂也受到一次次洗礼和震撼，得到一次次升华。对于我的作者我的书，如数家珍，作者中不乏才学和为人同样过人的多位泰斗和"颜值高责任大"的众多才子佳人；策划的作品不仅立足专业还兼顾人文，也是情怀所在，专业加入文路才会更宽。

多年的体会是，作为一名编辑，起码要"三心二意"，即"责任心、细心、耐心"和"服务意识、创新意识"。要多策划一些有分量的拳头产品，用一个选题推动一个系统工程，用一个系统工程培养一个出版社品牌。给新入职编辑讲座时我做过一个比喻：编辑两项基本功，审稿——甚至要比博导审批学生论文还要全面、细致；选题策划——要像电影导演一样做"星探"，善于发现优秀作者和挖掘好的原创作品。记不得27年来我策划和编辑了多少书，组织和策划了一大批教材、业务培训用书、通俗读物、理论专著等，有的获得过国家、省部级各类奖项，有的以其填补空白、社会热点、风格新颖、开拓尝试等特点受到读者的欢迎。20世纪90年代我开始自主策划选题，多年来每年都有新丛书问世。比如，21世纪初内部控制研究在国内刚兴起时，策划了《现代内部控制丛书》，其中《企业内部控制管理操作手册》是我鼓励作者将自己饱含心血的经过长期钻研和实践并证明卓有成效的成果奉献付梓，使得更多的人能受益于此，这无疑是对我国内部控制理论探索和实践发展的一种贡献，内部控制选题至今还是热点。2013年的《来去无尘——一位财政部长的生前事》所展现的吴波精神，与深入推进党风廉政建设相得益彰，得到中央领导同志的高度重视和重要批示。中央各大主流媒体纷纷连续报道，掀起了全社会学习吴波高尚情操的热潮。2014年至今的前沿选题《财务云丛书》等也越来越受到业界认可。

想是问题，做是答案

众所周知，目前的图书出版业在行业竞争和纸质图书受到严重冲击的情况下，出版人无不感到莫大的危机。在这种背景下，策划一套专业图书是颇感困惑的一件事，风险更大。但即使这样我们也不能因噎废食、停滞不前，还要积极应对，继续发挥纸质图书的固有特质，挖掘出版内容和形式都精彩的原创作品，适应新形势下读者的更高需求。2017年，我们接受新的挑战，开启新的征程，又策划《中青年经济与管理学者文库》《当代税收名家丛书》《中国税务律师系列丛书》《现代管理实务丛书》《高等院校应用型会计人才精细化培养系列教材》等，继续为扶持学术研究和总结最新成果，在高端研究与专业知识普及和应用之间搭建一座座有益的桥梁。

每一个时代的经济环境不同，理论研究和实务探索所需要解决的问题也有所差别。当前我国不仅处于经济结构调整和供给侧改革的攻坚期，同时也处于大数据和互联网突飞猛进的变革期，矛盾叠加，风险交汇，市场环境和组织模式不断演变发展、推陈出新，经济、管理、财税等领域的新理论、新思想、新方法、新工具也层出不穷。乱花渐欲迷人眼，击水三千浪几何？这些领域的研究人员被时代赋予了更艰巨的责任，也面临着更高、更多元的要求，我们不仅要具备更广阔的学术视野，而且要有更严谨的学术思维。

输在犹豫，赢在行动

《中青年经济与管理学者文库》的作者，都是我国经济与管理领域的中坚力量,也是未来的大家。他们中有些人潜心从事理论研究,有些人则深耕在实务一线,但无论现实身份如何,视野全都没有被拘泥在"象牙塔"内。他们从不同视角对市场经济的不同要素进行细致审视,然后汇聚于"财经版"这面旗帜之下,相互碰撞,彼此激荡,力求在市场经济转型升级的关键时期留下最新鲜的"中国印记"。

这些经济与管理领域的中青年学者,就是我国市场经济发展的潜力与优势,他们的研究成果,不仅将引领市场经济的各个组成环节向更科学、更先进的方向发展,而且将成为我国政府和企业在未来经济世界扮演更重要角色的支点与动力。祝愿这些中青年学者能攀上更高的学术之山,走向更远的研究之路,也期待宏观、中观、微观各个层面的市场参与者都能从这套文库中得到切实的启发与指引,在全面深化改革、增强发展活力的关键时期,发挥正能量和积极作用,为经济社会发展增添新的动力!

如果您认可,如果您有意愿,欢迎您和您的朋友加盟我们的作者队伍!在中国财经出版传媒集团的"旗舰"下,中国财政经济出版社这"老字号",一定励精图治,谱写新的篇章。我们用"龙的精神,玉的品质"来助力您实现梦想!

策划人:樊清玉
邮箱:qingyuf@sina.com
2017年春

序

改革开放40多年来,中国经济增速全球第一,中国的证券市场发展也极为迅速,在短短二十几年的时间里取得了举世瞩目的成就:从上市公司数量上来看,1990年末,中国上市公司仅有8家,到2018年末已达到3567家,增加440余倍;从上市公司总市值来看,1990年末,上市公司总市值仅为16.73亿元,到2018年末总市值已达48.59万亿元,增长29000余倍。

然而,在快速发展的背后,中国证券市场也存在巨大安全隐患,股价崩盘事件时有发生:2008年,伊利股份(股票代码"600887")因"三聚氰胺"问题,在短短6个交易日内,股价从13.43元下跌至9.03元,跌幅高达32.76%;2014年,獐子岛(股票代码"002069")因"虾夷扇贝绝收"事件,在复牌后3日内股价下跌 20.18%；2014 年，受国际原油价格影响，杰瑞股份（股票代码"002353"）股价全年下跌 39.6%。2015 年，中国发生罕见"股灾"，上证指数下跌 45%，约 1400 家公司停牌，市值大跌约 15 万亿元（相当于希腊 2014 年 GDP 总值的 10 多倍）。股价崩盘导致的价值蒸发不仅严重损害股东的利益，动摇投资者对资本市场的信心，也不利于金融市场稳定健康发展，甚至造成资源错配，危及实体经济的发展。

考察哪些因素会加大股价崩盘风险，哪些因素能抑制股价崩盘风险，已经成为近年来公司财务学的热点研究问题（叶康涛等，2015），但针对中国的相关研究尚不充分（许年行等，2012），仍然需要更多更深入的理论和经验研究提供政策建议与决策支持。

从国家政策层面看，1990 年股票市场开放以来，为了维持股票市场稳定，国家监管层出台了各种政策：1994 年推出三大救市政策，2008 年推出三大利好政策，产业资本入市，汇金增持，暂停新股发行、再融资以及大小非减持，2015 年 7 月以中国证券金融股份有限公司、十大证金资管计划、中央汇金投资有限责任公司、中央汇金资产管理有限责任公司、梧桐树及其全资子公司为代表的国家队参与股市交易等，这些政策的目的主要都是为了维护股票市场的健康稳定。这说明，虽然我国股市还没有经历系统性的崩盘，但仍然面临着较大的崩盘风险，国家也一直十分重视，研究我国的股价崩盘风险具有重要的现实意义。

现有股价崩盘风险文献主要从信息不对称和代理冲突角度分析股价崩盘风险的影响因素和防范措施。从信息不对称角度，企业的信息透明度越高，股价崩盘风险越低；从代理冲突角度，管理者隐藏负面消息的动机越强，空间越大，企业的股价崩盘风险越高。因此，能提高信息透明度或降低管理者机会主义行为的内外部公司治理行为均有利于降低股价崩盘风险。现有文献关注了公司内部行为人（如控股股东、高管、机构投资者等）对股价崩盘风险的可能影响，也关注了部分外部行为人（如分析师、审计师、媒体、政府等）对股价崩盘风险的影响，但相对忽视客户这一重要利益相关者对股价崩盘风险的作用。

随着"互联网+"和产业价值链的快速发展，企业面临的关系网络越来越复杂，客户对企业的重要性日益增加。利益相关者理论认为，股东、债权人、员工、客户、供应商、竞争对手、政府等利益相关者的行为均会影响企业的发展，只有管理和权衡好这些关系的企业才能在竞争激烈的现代商业社会中立于不败之地。大量经验研究也讨论了客户关系对企业或第三方的可能影响。现有研究表明，作为企业重要的利益相关者之一，客户能全方面影响企业的经营活动、投融资决策和会计政策选择，可能对企业未来的盈利能力、股票价格，乃至股价崩盘风险产生重要影响。然而，客户关系文献虽然较为丰富，但针对资本市场表现的研究为数不多，也没有得到一致结论。

此外，现有客户关系文献大部分以美国上市公司为研究对象，对中国数据研究不足。中国与美国的制度背景和经济环境存在较大差异。特别是对于客户信息披露要求，两国存在明显的区别。与美国 SFAS No. 131 强制要求企业披露主要客户（销售占比超过 10%）的信息不同，中国证监会强制要求上市公司披露前五大客户销售占比合计数，并鼓励上市公司自愿披露前五大客户的具体名称和销售金额、销售占比等明细信息。据笔者统计，约 69.02% 的中国 A 股上市公司自愿披露了前五大客户的销售金额或销售占比，36.33% 的中国 A 股上市公司自愿披露了前五大客户的具体名称。这些丰富的数据可以计量出更加多元化的客户关系指标，如客户销售占比、客户稳定性等，能全方面系统地研究客户关系对企业资本市场表现的影响及作用机理。

本书以股价崩盘风险这一重要资本市场现象为切入点，以中国A股上市公司2007—2016年的数据为研究对象，从客户基本关系和客户具体特征两个维度探讨中国式客户关系对企业股价崩盘风险的影响。由于只有当客户为上市公司时，才能获得客户盈利能力等具体特征信息，为此，在手工收集了上市公司披露的前五大客户信息数据后，笔者根据前五大客户的具体名称，逐一通过百度查询等方式判断其是否为上市公司，进一步获得相关客户具体特征数据。本书研究不仅可以检验西方客户关系文献对中国的适用性，总结客户关系在中国的规律；还可以为客户对企业资本市场表现提供经验证据，分析客户信息或客户具体特征能否被中国股票市场有效识别和反应；也有利于横向拓展股价崩盘风险文献。

客户之所以能对企业股价崩盘风险产生影响，主要是因为投资者可以从企业或客户行为中获得四类有关客户的信息：（1）从企业的强制性客户信息披露行为中（即前五大客户销售占比合计数）获取信息。这类信息与客户无直接关系，只关系企业本身的披露行为。根据信号传递理论，在信息不对称下，公司可以通过利润宣告、股利宣告和融资宣告等方式向外界传递公司的内部信息。客户信息作为企业非财务信息的一种，其相关信息的披露也可向投资者传递有利于增强对公司理解的信息。当企业的前五大客户销售占比合计数较高时，能向资本市场传递企业较好的信号，即客户具有信号传递效应（见本书第四章）；（2）从企业的自愿性客户信息披露行为中获取信息。一旦企业自愿披露了客户的具体名称，通过前后两年或多年的对比，资本市场参与者可以获得企业客户是否稳定等信息，当客户稳定时，有较强的动机和能力监督企业的行为，降低企业的信息不对称，即客户具有监督效应（见本书第五章）；（3）从客户披露的信息（如客户盈利能力）中获取有关企业的某些私有信息，这以客户是上市公司为前提，否则投资者无法获得客户披露的信息。当客户的盈利能力较强时，往往意味着企业与客户是互利共赢的，有利于降低企业崩盘风险，即客户具有支持效应（见本书第六章）；（4）从客户与企业的供应链关系中获得信息。这也是以客户是上市公司为前提，但与客户的支持效应不同，投资者不需要从客户披露的盈利能力等信息中获取有关企业的信息，仅从客户具体特征的表象（如客户股价崩盘风险的高低）就判断其是否会通过供应链关系对企业产生溢出效应。即客户具有溢出效应（见本书第七章）。这四类信息有助于投资者加深对企业的了解，进而影响企业的股价崩盘风险。

本书利用中国丰富的客户数据，从横向客户关系（客户集中度）、纵向客户关系（客户稳定性）、客户盈利能力以及客户股价崩盘风险四个维度系统、全面地分析客户是否以及如何影响企业的股价崩盘风险。不仅有利于丰富客户关系和股价崩盘风险的相关文献，更重要的是有利于加深对中国式客户关系的认识，为企业和资本市场投资者提供一些建议。

此外，本书研究还可为中国证监会等相关监管机构加强非财务信息披露的政策决定提供经验证据。根据相关准则的规定，中国证监会要求企业强制披露其前五名客户销售占比合计数，鼓励企业披露其客户的具体名称和销售金额，即中国证监会对于客户具体名称等信息的披露要求尚处于摸索阶段。本书从经济后果角度，分析客户信息披露的程度是否有利于降低股价崩盘风险、维护投资者的利益、促进资本市场的健康发展，对中国证监会相关准则的制定具有一定借鉴意义。

第一章　股价崩盘风险概述 …………………………………（ 1 ）
　　第一节　股价崩盘风险的定义 …………………………（ 1 ）
　　第二节　股价崩盘风险的相关理论 ……………………（ 5 ）
　　第三节　股价崩盘风险的相关研究 ……………………（ 8 ）
　　本章小结 …………………………………………………（ 18 ）

第二章　客户关系概述 …………………………………………（ 20 ）
　　第一节　客户关系的界定 ………………………………（ 20 ）
　　第二节　客户关系的相关理论 …………………………（ 21 ）
　　第三节　客户关系的相关研究 …………………………（ 23 ）
　　本章小结 …………………………………………………（ 34 ）

第三章　客户关系的特征描述 …………………………………（ 36 ）
　　第一节　客户信息披露的制度背景 ……………………（ 36 ）
　　第二节　客户信息披露的现状分析 ……………………（ 50 ）

第三节　客户信息披露的影响因素分析 …………………（67）
　　第四节　客户关系的刻画指标分析 ………………………（75）
　　本章小结 ……………………………………………………（77）

第四章　客户集中度与企业股价崩盘风险 ………………（79）
　　第一节　理论分析与假设提出 ……………………………（81）
　　第二节　研究设计与模型 …………………………………（83）
　　第三节　实证结果与分析 …………………………………（88）
　　第四节　基于信息透明度的调节效应研究 ………………（101）
　　本章小结 ……………………………………………………（111）

第五章　客户稳定性与企业股价崩盘风险 ………………（113）
　　第一节　理论分析与假设提出 ……………………………（114）
　　第二节　研究设计与模型 …………………………………（116）
　　第三节　实证结果与分析 …………………………………（121）
　　第四节　基于公司治理的进一步分析 ……………………（131）
　　第五节　客户稳定性的作用机理研究 ……………………（136）
　　本章小结 ……………………………………………………（138）

第六章　客户盈利能力与企业股价崩盘风险 ……………（139）
　　第一节　理论分析与假设提出 ……………………………（141）
　　第二节　研究设计与模型 …………………………………（148）
　　第三节　实证结果与分析 …………………………………（152）
　　第四节　影响机制分析 ……………………………………（166）
　　第五节　基于供应链关系的进一步分析 …………………（169）
　　本章小结 ……………………………………………………（176）

第七章 客户股价崩盘风险对企业的溢出效应 …………（178）
第一节 理论分析与假设提出 ……………………（180）
第二节 研究设计与模型 …………………………（185）
第三节 实证结果与分析 …………………………（189）
第四节 基于溢出效应的进一步分析 ……………（201）
本章小结 ……………………………………………（215）

第八章 研究结论与展望 …………………………………（217）

参考文献 ……………………………………………………（223）

股价崩盘风险概述

第一节 股价崩盘风险的定义

一、股价崩盘的现象描述

股价崩盘是指在无任何信息前兆的情况下,股票价格突然大幅降低的现象(罗进辉和杜兴强,2014)。从单个企业微观角度看,若公司的股票价格单日或数日累计跌幅超过20%,可认为该公司的股价发生了崩盘现象;从整个证券市场宏观角度看,若公司的股票被大量抛售,可认为整个股市发生了崩盘现象。

无论是从微观角度还是宏观角度,股价崩盘现象并不罕见。以中国为例,单个公司股价崩盘的事件时有发生:2008年,伊利股份(股票代码"600887")因"三聚氰胺"问题,在短短6个交易日内,股价从13.43元下跌至

9.03 元，跌幅高达 32.76%①；2014 年，獐子岛（股票代码"002069"）因"虾夷扇贝绝收"事件，在复牌后 3 日内股价下跌 20.18%②；2014 年，受国际原油价格影响，杰瑞股份（股票代码"002353"）股价下跌 39.6%③。

整个股市崩盘现象也并非空谈，美国经历了 1929 年以及 1987 年两次股价崩盘，股市健康、投资者财富与实体经济均遭受重创（Jin and Myers, 2006）。我国股票市场虽然尚未经历股价崩盘，但股市大起大落常有发生。1992 年 5 月至 1992 年 11 月上证指数从 1429 点跌至 400 点，下跌幅度超过 72.01%；1993 年 2 月至 1994 年 7 月上证指数从 1553 点跌至 325 点，下跌幅度超过 79.07%；1994 年 9 月至 1996 年 1 月上证指数从 1053 点跌至 512 点，下跌幅度超过 51.37%；2001 年 6 月至 2005 年 6 月上证指数从 2245 点跌至 998 点，下跌幅度超过 55.54%；2007 年 10 月 16 日至 2008 年 9 月 18 日上证指数从 6124.04 点跌至 1802.33 点，下跌幅度超过 70.564%；2015 年 6 月 15 日到 2015 年 7 月 9 日上证指数从 5174 点跌至 3373 点，下跌幅度达到 45%，约 1400 家公司停牌。由此可见，股价崩盘一直是资本市场的重要现象之一，且我国股市从 2015 年股价大幅下跌到今天，

---

① 2008 年 9 月 16 日，中央电视台新闻报道，在国内 22 家婴幼儿奶粉厂商的产品中发现含有三聚氰胺（一种化工原料），涉及的厂商包括所有大型乳制品企业，如蒙牛、伊利、三鹿和光明等。随后，伊利股份股价逆势下跌，收盘价从 2008 年 9 月 16 日 13.43 元下跌至 2008 年 9 月 24 日 9.03 元。

② 虽然在 2014 年 10 月 14 日到 2014 年 12 月 7 日停牌的两个多月时间里，中国证监会未发现该公司在苗种采购、底播过程中存在虚假行为，且发布了"政府救灾援助"的相关公告，但该公司仍在复牌之初的 12 月 8 日、9 日和 10 日连续下跌。

③ 收盘价从年初 2014 年 1 月 2 日 79.00 下跌到年末 2014 年 12 月 31 日 30.57 元。期间，该公司于 2014 年 6 月 9 日进行权益分派时，以资本公积金向全体股东每 10 股转增 5 股。

股票市场仍然没有恢复元气。什么原因导致股价崩盘，如何加以防范和引导？值得深思。

二、股价崩盘的常见危害

股价崩盘会导致严重的经济后果。无论是单个公司发生股价崩盘还是整个股市发生崩盘，都会使得股票价值缩水、打击投资者信心、危害股市健康发展甚至影响实体经济的发展。以单个公司股价崩盘为例：2014年3月9日，腾讯控股（股票代码"00700.HK"）宣布以1∶5的比例拆分现有股票，股价随即发生崩盘，一个月内下跌幅度超过20%，市值蒸发近2700亿港元。以整个股市为例：1929年，美国股市大崩盘[①]，美国股市从繁荣顶峰直接跌至谷底，道琼斯工业指数从381点跌至36点，缩水近90%，投资者彻底失去信心，不少投资者自杀身亡[②]，实体经济也随之发生了大萧条[③]。2015年，中国发生罕见"股灾"，上证指数下跌45%，约1400家公司停牌，市值大跌约15万亿元（相当于希腊2014年GDP总值的10倍多），严重扰乱了证券市场的健康稳定发展。

股价崩盘不仅危及股市健康、投资者财富与实体经济、可能诱发经济危机（Jin and Myers，2006），且风险很难被分散与制止（An and Zhang，2013），甚至具有极强的溢出效应（外部性）。从单只股票来看，其股价崩盘可能会影响利益相关者（如上游供应商或下游客户）：2012年，由于软件通信行业遇冷，中兴通讯（股票代码"002389"）股价在1月份逆市下跌，从最高

---

① 美国股市发生过两次大崩盘，一次是1929年，连续两个交易日道琼斯工业指数的跌幅分别为12.8%和11.7%；一次是1987年，首日道琼斯工业指数暴跌22.6%。
② 仅在开始暴跌的一个小时内，就有11个知名投机者自杀身亡。
③ 到1933年底，美国的国民生产总值几乎还达不到1929年的1/3。

17.81元下跌到最低14.5元,下跌近20%。在同一时期的10个交易日内,其主要供应商欧菲光(股票代码"002456")的股价下跌6.7元,下跌比例高达30%[①];2014年,受美国"双反"行动[②]的影响,中来股份(股票代码"300393")在上市后第一年[③]的12月份股价从最高49.45元下跌到最低37.10元,下跌25%。同一时期,其主要客户之一的南洋科技(股票代码"002389")受其影响,股价从最高12.19元一路下跌至9元,下跌幅度高达26%。

从整个股市来看,一国的股票崩盘也可能影响其他国家或地区:1987年10月19日美国股市再次崩盘的第二天,东京证券交易所股票狂跌14.9%,创下东京证券下跌最高纪录。在随后的一周内,中国香港、悉尼、曼谷、新加坡、马尼拉的股市也纷纷下跌,其中,截至10月26日,香港恒生指数狂泻1126点,跌幅达33.5%。2015年7月7日,中国市场发生"股灾"后,恒生指数随之暴跌,紧接着,人民币汇率、大宗商品、中概股等几乎所有与中国相关的投资标的全面下跌,市场情绪几乎崩溃,经济后果严重。

股指暴涨暴跌危害市场稳定与经济安全,因此国家监管层出台各种政策维护股票市场稳定。1994年我国推出三大救市政策,2008年我国推出三大利好政策,产业资本入市,汇金增持,暂停新股发行、再融资以及大小非减持,2015年7月以中国证券金融股份有限公司、十大证金资管计划、中央汇金投资有限责

---

① 欧菲光(股票代码"002456")的股价从2012年1月4日最高18.97元下跌到1月18日最低13.2元。

② 美国从2011年开始对中国光伏企业启动反倾销和反补贴调查(简称"双反"行动),并采取贸易限制措施。直到2014年,该双反行动从未停止过。

③ 中来股份(股票代码"300393")于2014年9月12日上市。

任公司、中央汇金资产管理有限责任公司、梧桐树及其全资子公司为代表的国家队自参与股市交易,其目的均为维护股市稳定。这些均说明我国股市仍存在较大崩盘风险,研究我国股价崩盘风险具有重要现实意义。

三、股价崩盘风险的内涵

在实践中,可以通过计算单日或数日累计的股价下跌幅度来判断公司是否发生了股价崩盘。而在实证研究中,一般用公司特有收益分布偏离正态分布的程度来衡量某个公司发生股价崩盘的可能性,即股价崩盘风险。其基本思想是:在有效资本市场,公司的特有收益应是无偏的,即上升和下降的概率和程度应相当。根据主流观点,股价崩盘通常是管理层隐藏坏消息并累积到一定程度突然爆发导致的(Jin and Myers,2006),此时,公司的特有收益就会偏离正态分布。具体而言:在平时,由于管理层隐藏坏消息,更多释放好消息,特有收益率为正的概率大于为负的概率;而在坏消息积累到一定程度集中释放时,特有收益会急剧下降,且该时期的下降幅度会远高于其上升时期的平均涨幅。此时,公司的特有收益不再符合正态分布,偏离正态分布的程度越高,股价崩盘风险也越大。

第二节 股价崩盘风险的相关理论

最早对股价崩盘形成原因的讨论是在投资者理性预期均衡框架下进构建的理论模型,Cao et al.(2002)认为,市场上分两类交易者,一类是拥有私人信息的知情交易者,另一类则是非知情交易者。当知情交易者在一定时间内集中释放私有信息时,非知情交易者会随之进行交易，推动该消息在股价上的反应，"一放一推"可能导致股价在短时间内发生暴涨暴跌，即股价崩盘现象。但该理论模型对高频数据的解释效果较差（熊家财，2015）。

后续学者从行为金融学角度对股价崩盘的形成原因给出了解释。Hong and Stein（2003）认为投资者情绪、投资者异质信念等是影响对股价崩盘风险的重要因素，他们的研究发现限制卖空市场中投资者异质信念与市场（或个股）暴跌风险正相关。2006年，Jin and Myers 在假设既定投资者理性预期相同、信念同质的前提下，构建了更为简化结构的信息模型，该模型主要从管理层和投资者之间的代理冲突和信息不对称角度研究股价崩盘的产生机理。他们认为管理层出于自利动机倾向于隐藏经营亏损等负面消息。长此以往，负面消息不断累积。而公司对于负面消息的承载能力有限，一旦达到某个阈值，负面消息会在短时间内集中释放给市场，进而引起股价暴跌。其中，涉及的理论基础主要有代理成本理论和信息不对称理论。

一、代理成本理论

代理成本理论（Agency Costs Theory）是由 Jensen and Meckling 于 1976 年提出的，是资产所有权与使用权分离产生的产物。在现代企业中，代理成本一般包括两类：股东与管理者之间的利益冲突导致的第一类代理成本和债权人与股东之间的利益冲突导致的第二类代理成本。

第一，股东与管理者之间的代理冲突。由于管理者不能拥有公司 100% 的剩余收益，其个人努力工作所带来的收益需要在管理者与股东或其他所有者之间进行分配，因而，管理者有动机消极怠工，甚至进行资产转移，把公司资源变为个人收益，如在职消费、建立豪华办公室等。

第二，债权人与股东之间的利益冲突。由于债权人借钱给企业后只享受固定的本金和利息收入，并不享受企业的剩余收益，而股东对公司只承担有限责任，却享受企业所有的剩余收益权。因此股东可能倾向于选择收益较高（预期收益公寓债务面值）但风险较大（成功率较低）的项目，因一旦成功，超额收益全部归股东所有；而一旦失败，损失将主要由债权人来承担。

股价崩盘风险所涉及的代理成本主要是第一类代理问题，即由于股东与管理者之间的代理冲突产生的代理成本。处于自身职业晋升、声誉、股权价值和商业帝国构建的考虑，管理者有动机隐藏坏消息以谋取私利，例如，为了谋取超额薪酬，国有企业高管更可能隐藏坏消息（Xu et al., 2014）；为了防止负面消息发放导致的股价下降，具有行权需要的管理者更可能隐藏坏消息（Kim et al., 2011）。

二、信息不对称理论

信息不对称理论（Asymmetric Information Theory）由美国三位经济学家（Joseph Eugene Stiglitz, George A. Akerlof and A. Michael Spence）所提出的。早在19世纪70年代，他们就关注到了信息不对称现象，并提出了重要观点：在市场经济活动中，市场上的参与者对信息的了解程度存在差异，一般而言，市场中的卖方比买方往往掌握更多的信息。掌握信息较多的一方（卖方）往往处于优势地位，而信息较少的一方（买方）则处于劣势地位。拥有信息较少的一方（买方）通常会努力从另一方（卖方）获取信息，而处于信息优势地位的一方（卖方）可以通过向信息贫乏的一方（买方）传递可靠信息而在市场中获益。市场信号显示在一定程度上可以弥补信息不对称的问题。这一理论为很多市场现象如劣币驱逐良币、股市沉浮、就业与失业、信贷配给、商品促销等提供了解释。

具体到股价崩盘风险，这里的信息不对称主要是指股东和管理者之间的信息不对称，由于更加清楚企业的经营状况，管理者是处于信息优势的一方，而股东则处于信息劣势地位。因此，管理者可以选择向股东披露信息的时间和内容。由于两者之间代理问题的存在，管理者有动机隐藏坏消息，而信息优势地位又为管理者隐藏坏消息提供了空间。

第三节 股价崩盘风险的相关研究

一、股价崩盘风险的影响因素

（一）信息透明度对股价崩盘风险的影响

信息透明度是股价崩盘风险的重要影响因素，信息透明度越低，管理层越容易隐藏坏消息。Jin and Myers（2006）利用全球40个市场的宏观数据，用5个市场层面的透明度指标（La Porta et al. (1998) 的研究报告、普华永道（2001）的调查报告、《全球竞争力报告》、各国审计师的数量、市场分析师预测的差异性）比较不同市场透明度与股市暴跌风险间的关系，结果发现公司透明度越高，股价崩盘风险越低。

Hutton et al. (2009) 开创了股价崩盘风险在公司层面的微观研究，他们认为会计盈余是公司最重要的特质信息，管理层可以利用会计政策的选择弹性和会计应计制进行盈余管理，进而实现公司负面信息隐藏的目的。使用公司的盈余管理程度作为信息透明度指标，他们的研究发现美国市场上公司的信息透明度与股价崩盘风险显著负相关。潘越等（2011）以中国A股上市公司2002年到2009年数据为研究对象，发现公司信息透明度与股价崩盘风险之间的负向关系在中国也成立，即公司的信息透明度越低，其个股发生暴跌的风险越大。孟庆斌等（2017）以中国A股上市公司2007年到2015年的数据研究表明，当企业年度报告中管理层讨论与分析部分所披露的信息含量较高时，企业未来的股价崩盘风险较低。

（二）高管薪酬对股价崩盘风险的影响

由于代理冲突的存在，管理层可能会为了货币薪酬、在职消费、职业晋升和帝国构建等个人利益隐藏负面信息（Chen et al, 2001），即高管薪酬或股权价值均可能影响管理层隐藏坏消息的动机。Kim et al.（2011）利用美国上市公司1993年到2009年的数据研究发现，为了防止负面消息发放导致的股价下降，具有行权需要的管理者更可能隐藏坏消息，最终将导致公司未来的股价崩盘风险上升。即CFO的股票期权价值与公司股价崩盘风险显著正相关。Xu et al.（2014）以中国上市国有企业的数据研究发现，高管超额薪酬与未来股价崩盘风险之间显著正相关，即国有企业高管为了获得高额薪酬而隐藏负面消息。

（三）企业避税对股价崩盘风险的影响

企业避税行为容易诱发管理者机会主义行为，如盈余操纵与资产转移（Chen et al., 2001），也为管理者隐藏坏消息以及误导投资者提供了便利（Desai and Dharmapala, 2006），进而导致股价崩盘风险加剧。Kim et al.（2011）使用美国1995年到2008年的大样本数据研究发现，有较强避税动机的管理者更可能隐藏负面信息，增加股价崩盘风险。

（四）分析师关注对股价崩盘风险的影响

分析师的关注可能影响企业的信息透明度，进而影响股价崩盘风险。较多的分析师跟随能提高企业的信息透明度，而分析师的乐观偏差则会增加负面消息被隐藏的概率。潘越等（2011）研究发现，分析师对股票的关注大大降低了信息不透明对个股暴跌风险的影响。肖土盛等（2017）研究发现，当企业的信息披露质量较高时，分析师的预测误差较小，而较小的分析师预测误差可以降低企业的股价崩盘风险。以中国 A 股上市公司 2003 年到 2010 年数据为研究对象，许年行等（2012）研究发现，分析师乐观偏差与公司未来股价崩盘风险显著正相关，且机构投资者持股比例越高、机构投资者数量越多、公司存在再融资行为，以及来自前五大佣金收入券商的分析师所占比例越高，分析师乐观偏差与崩盘风险之间的正相关关系更加显著。这主要是因为分析师存在来自机构投资者在其所在券商交易和为其评定"明星分析师"的压力、所在券商获取公司再融资承销业务的压力、所在券商佣金收入的压力等利益冲突，分析师需要通过发布有偏的乐观研究报告为其客户带来直接好处。而分析师乐观预测报告将会导致公司负面消息被隐藏的概率增大，公司股价被高估，产生股价泡沫，最终导致公司未来的股价崩盘风险增大。

（五）机构投资者对股价崩盘风险的影响

机构投资者可能处于短期投机目的持有公司股票，也可能基于战略目的持有公司股票发挥监督效应，进而对股价崩盘风险产生影响。Callen and Fang（2013）使用美国 1981 年到 2008 年上市公司数据研究发现，机构投资者的稳定性与下一期股价崩盘风险负相关，进一步地，相对于其他机构投资者而言，具有更强监督动机的退休金机构投资者会增加机构投资者稳定性与未来股价崩盘风险之间的负相关关系。这说明稳定的机构投资者更多地发挥"监督效应"而不是"短期投机效应"。但机构投资者的"羊群效应"则可能增加公司的股价崩盘风险。许年行等（2013）

使用中国上市公司 2005 年到 2010 年的数据研究发现，机构投资者的"羊群行为"显著提高了公司未来股价崩盘风险，而合格境外机构投资者（QFII）的存在并不能减弱机构投资者"羊群行为"与股价崩盘风险之间的正向关系；进一步研究发现，机构投资者"羊群行为"同样提高了上市公司股价同步性，并且 QFII 的存在会加剧机构投资者"羊群行为"与股价同步性之间的关系。这说明中国机构投资者"羊群行为"是"真羊群行为"，即机构投资者会忽略自身所掌握的私有信息而根据其他机构的投资决策作出投资选择，导致其所掌握的私有信息无法完全融入股价中。机构投资者在中国更多的是"崩盘加速器"，而不是"市场稳定器"。

（六）企业社会责任对股价崩盘风险的影响

企业社会责任较强的公司可能会致力于增加公司透明度、减少坏消息的隐藏，也可能只是想通过此"障眼法"降低股东的关注，隐藏坏消息，谋取私利。Kim et al.（2014）研究发现企业社会责任与股价崩盘风险负相关，即社会责任感较强的公司往往倾向于增加公司透明度、减少坏消息的隐藏，进而降低股价崩盘风险。权小锋等（2015）以披露了社会责任信息的部分上市公司为研究对象，发现披露的得分越高，管理者越可能发生自利行为，股价崩盘风险也越大。宋献中等（2017）以中国全部上市公司为研究对象，发现相对于没有披露社会责任信息的企业而言，披露了社会责任信息的企业可通过信息效应和声誉保险效应降低股价崩盘风险。田利辉和王可第（2017）的研究则发现，企业可以将社会责任信息披露作为掩饰企业经营问题的手段，反而增加了企业的股价崩盘风险。

（七）内部人抛售对股价崩盘风险的影响

即便企业没有隐藏坏消息，公司高层或内部人的行为也会给市场传递信息，影响股价崩盘风险。吴战篪和李晓龙（2015）研究发现，即使内部人没有隐藏坏消息，其股票抛售行为会导致代理成本升高、不确定性增加，最终导致公司的股价崩盘风险上升，且机构投资者持股比例和分析师覆盖人数均会加强内部人抛售与股价崩盘风险之间的正相关关系。

（八）中国特色因素对股价崩盘风险的影响

褚健和方军雄（2016）以中国式融资融券制度安排为切入点，利用双重差分法进行研究发现，融资融券制度的实施恶化了企业的股价崩盘风险。张晓宇和徐龙炳（2017）以中国限售股解禁事件为切入点，分析解禁前后大股东的资本运作加剧了中国企业的股价崩盘风险。孟庆斌等（2018）以中国卖空交易的外生事件为切入点，研究发现，卖空交易能提升投资者对于公司负面信息的挖掘能力，有利于提高企业的信息透明度，改善企业的公司治理状况，进而可以降低企业的股价崩盘风险。

二、股价崩盘风险的防范措施

（一）完善的内控信息披露对股价崩盘风险的防范

信息透明度时影响股价崩盘风险的重要因素，对应的，能提高企业信息透明度的措施可降低股价崩盘风险。完善的内部控制信息披露无疑可以提高企业的信息透明度，降低股价崩盘风险。使用"迪博"公司公布的2011年上市公司"内部控制信息披露指数"的单年数据和手工收集的2008年到2011年上市公司内部控制鉴证报告发布数据，叶康涛等（2015）研究发现，企业内部控制信息披露水平与公司未来股价崩盘风险显著负相关；在信息不对称程度较高、盈利能力较差的公司中，两者的负相关关系更加显著。

(二) IFRS 强制实施对股价崩盘风险的防范

IFRS 强制有利于企业信息透明度的提高,降低股价崩盘风险。Defound et al. (2015) 研究发现,IFRS 的强制执行可以增加非金融行业公司的信息披露、提高不同公司之间信息的可比性,进而提高企业财务报告的信息透明度,降低股价崩盘风险,并且这种效果在信息环境较差的公司或 IFRS 与当地 GAAP 之间差别较大的公司中更为显著。

(三) 稳健会计政策对股价崩盘风险的防范

会计稳健性意味着公司确认好消息比确认坏消息需要满足更严格的条件 (Basu, 1997),这种不对等的确认条件会降低管理者隐藏坏消息的动机,进而降低股价崩盘风险。使用美国上市公司 1964 年到 2007 年的大样本数据为研究对象,Kim and Zhang (2014) 发现一个公司的会计政策越稳健,其未来的股价崩盘风险越低。

(四) 管理者性别对股价崩盘风险的防范

由于性别差异,男性管理者和女性管理者对会计稳健性的态度会存在较大差异,一般而言,女性往往更倾向于规避风险,采取稳健的会计政策,因而隐藏负面消息的可能性较低,股价崩盘风险也可能较低。李小荣和刘行 (2012) 从 CEO 和 CFO 的性别考察其对股价崩盘风险的影响,结果发现,女性 CEO 能显著降低股价崩盘风险,而女性 CFO 对股价崩盘风险没有显著影响。

(五) 管理者宗教信仰对股价崩盘风险的防范

不同宗教信仰会对管理者的行为造成不同影响。相对于无宗教信仰的管理者而言,有宗教信仰的管理者具有更高的职业道德,行事也相对温和保守。Callen and Fang (2015) 研究发现,宗教水平较高国家的管理者往往更倾向于执行谨慎的会计政策,其所在公司的股价崩盘风险也相对较小。

（六）大股东监督对股价崩盘风险的防范

大股东对企业既可能发挥监督治理效应，也可能通过掏空公司谋取个人利益，因而对股价崩盘风险可能存在正反两方面的影响。王化成等（2015）以2003年到2012年中国A股上市公司为数据样本，研究发现，随着第一大股东持股比例的提高，未来股价崩盘风险显著下降。这说明随着大股东持股比例的上升，大股东更有动力监督管理层，而不是利用机会掏空上市公司、损害中小股东利益。

（七）独立董事监督对股价崩盘风险的防范

独立董事既可能监督企业，也可能成为企业所有者"合谋"的工具，难以发挥监督效应。梁权熙和曾海舰（2016）以中国特有的独立董事在董事会议案上发表意见和投票的独特数据研究发现，当企业的独立董事对议案提出了异议时，独立董事更可能发挥了监督效应，其所在公司的股价崩盘风险较小。

（八）债务人监督对股价崩盘风险的防范

债务契约可以约束和监督管理层，降低其代理成本，同时也能保证公司的透明度，减少坏消息累计的程度，进而降低股价崩盘风险。以2001年到2011年中国A股上市公司为样本，李小荣等（2014）研究发现，债务诉讼数据可以显著降低股价崩盘风险，并且降低企业的盈余管理程度和提高企业的会计稳健性是债务诉讼影响股价崩盘风险的重要路径。

（九）审计师行业专长对股价崩盘风险的防范

审计师的监督可以提高企业的信息透明度，进而降低股价崩盘风险。江轩宇和伊志宏（2013）与熊家财（2015）的研究均发现，当公司聘请的会计师事务所具备较强的行业专长时，其未来的股价崩盘风险较低。万东灿（2015）以2002年到2012年中国 A 股上市公司为研究对象，发现企业的审计收费越高时，审计师会投入更多的时间精力，提高审计质量，进而降低企业的股价崩盘风险。

（十）税收监管对股价崩盘风险的防范

激进的避税政策增加了管理者隐藏坏消息的空间和动机，而政府的税收征管则有助于降低企业的税收激进程度，改善公司治理，降低股价崩盘风险。江轩宇（2013）使用中国 A 股上市公司 2003 年到 2010 年数据，研究发现，中国上市公司税收激进活动中涉及的利益侵占及隐藏坏消息行为有可能加剧股价崩盘风险，但税收征管有助于降低企业的税收激进程度，进而降低股价未来大幅下跌的风险。

（十一）投资者保护对股价崩盘风险的防范

王化成等（2014）开拓性地将股价崩盘风险的治理机制拓展到宏观政策。以 2001 年到 2012 年中国 A 股上市公司为样本，研究发现，地区保护可以通过降低公司正向盈余管理行为（即降低管理层隐藏公司负面消息行为），影响公司股价崩盘风险。张宏亮和王靖宇（2018）以 2009 年到 2014 年中国 A 股上市公司为研究对象，发现公司层面的投资者保护也能够降低企业的股价崩盘风险。

（十二）媒体报道对股价崩盘风险的防范

新闻媒体的关注可以降低企业与投资者之间的信息不对称，也可以抑制管理者隐藏坏消息的行为。当正式的法律制度环境不完善时，非正式的治理，如媒体报道往往能发挥较强的公司治理效应。罗金辉和杜兴强（2014）以我国法律制度环境尚不完善这一大背景为基础，研究媒体对上市公司的频繁报道与股价崩盘之间的关系。结果发现，上市公司的媒体报道次数与股价崩盘之间存在负相关关系，且在制度环境不完善的省市，上述负相关关系更加显著。这说明,新闻媒体的多次报道发挥了积极的治理作用。作为信息中介和公共监督的媒体,对公司的有关报道,一方面有助于降低信息不对称程度,另一方面,也缩小了管理层隐藏坏消息的空间和动机,进而降低了企业的股价崩盘风险。

三、股价崩盘风险文献的述评

现有股价崩盘风险文献一般认为股价崩盘风险产生的原因有两个:其一,管理层与所有者之间存在代理冲突;其二,管理层与所有者之间存在信息不对称。相关经验研究也主要从这两个角度分析股价崩盘的影响因素和防范机制。

从信息不对称角度,现有文献主要研究信息透明度与股价崩盘风险之间的关系(Jin and Myers,2006;Hutton et al.,2009;潘越等,2011),并已形成一个基本共识:信息透明度越高,股价崩盘风险越低。对应的,相关学者认为增加公司信息透明度可有效防止股价崩盘现象的发生。具体而言,IFRS准则的强制实施(Defound et al.,2015)、稳健会计政策的选择(Kim and Zhang,2014)、完善内部控制信息的披露(叶康涛等,2015)等提升信息透明度的举措均有利于降低股价崩盘风险。

从代理冲突角度,现有文献认为,管理者出于货币薪酬(Xu et al.,2014)、股票期权(Kim et al.,2011)、在职消费、职业晋升和帝国构建(Chen et al.,2001)等利益考虑可能隐藏负面信息,且当公司治理较差或避税动机较强(Chen et al.,2001;Kim et al.,2011)时,管理者可以利用会计政策选择(Bleck and Liu,2007)、转移资产或操纵盈余等行为实施机会主义行为,此时,管理者更容易隐藏负面消息。对应地,缓解代理冲突内外部治理机制均有利于降低股价崩盘风险。具体而言,稳健的女性 CEO(李小荣和刘行,2012)、较好的公司治理环境(Callen and Fang,2015)、大股东的监督效应(王化成等,2015)等公司内部决策行为可以降低管理层隐藏坏消息空间,进而降低股价崩盘风险;公司债务契约的监督(李小荣等,2014)、审计师行业专长的鉴定(江轩宇和伊志宏,2013;熊家财,2015)、分析师的关注(潘越等,2011)、媒体报道(罗进辉和杜兴强,2014)、投资者保护(王化成等,2014)和税收征管(江轩宇,2013)等公司外部治理机制和宏观政策也有利于降低股价崩盘风险。

然而,由于学术界对于股价崩盘风险的研究刚刚兴起(叶康涛等,2015),现有研究并不透彻,且大部分研究主要从公司内部行为人角度出发,少量探讨公司外部行为人影响的研究也主要集中于债权人、审计师、分析师、媒体、投资者保护和税收征管等宏观政策,相对忽视客户这一重要利益相关者对股价崩盘风险的可能影响(彭旋和王雄元,2016)。

客户能全方面影响企业的运营活动、投融资政策,进而可能对企业未来的经营业绩、股票价格,甚至股价崩盘风险产生重要影响。现有文献之所以没有关注客户对股价崩盘风险的影响,其可能的原因在于客户信息数据的局限性。与大股东持股比例、分析师关注、债务诉讼情况、审计师信息等数据可从数据库直接获取不同,客户信息需手工收集,特别是想要获得客户特征,如盈利能力等信息,必须从客户发布的年度报告或其他公告中查找,而只有当客户是上市公司或较大公司时,才可能获得相关信息。本书手工收集了中国上市公司的客户信息披露数据,并根据披露的客户名称,逐一判断其是否为上市公司,进而获得客户的盈利能力和客户自身是否有股价崩盘风险等特征信息，能较全面地分析客户对企业股价崩盘风险的影响。

本章小结

股价崩盘是股票市场上常见的重要现象之一，不仅严重影响股票市场的健康发展，也会损害投资者以及上下游企业的利益，最终诱发经济危机。其风险较难防范和分散，因而成为实务界和学术界的重点研究话题之一。

本章梳理了股价崩盘风险的相关理论和文献，发现信息不对称和代理问题是影响企业股价崩盘风险的重要原因，而现有文献也主要从这两个角度进行探讨。

从信息不对称角度，无论是企业整体的信息透明度，还是局部的信息透明度（如内部控制信息披露、社会责任报告信息披露、管理者讨论信息含量）都能影响企业的股价崩盘风险。影响企业信息透明度的相关政策，例如，IFRS 准则的强制实施、稳健会计政策的选择等提升信息透明度的举措均有利于降低企业的股价崩盘风险。

从代理冲突角度，无论是第一类代理问题，还是第二类代理问题，当控股股东或企业高管谋取私利的动机和空间较大时，会恶化企业的股价崩盘风险；而当大股东与企业利益一致性较高，或者独立董事、分析师、投资者、媒体、国家政策等内外部因素能增强对企业的监督，提高企业的公司治理状况、缓解代理冲突时都能降低企业的股价崩盘风险。

中国特有的制度背景，融资融券制度的实施、卖空机制的实施、限售股解禁、沪港通等事件都对中国上市公司的股价崩盘风险有显著影响。

此外，现有文献虽然关注了股东、独立董事、投资者、分析师、媒体等内外部利益相关者对企业股价崩盘风险的影响，但对客户这一利益相关者的研究不多，特别缺乏系统全面地分析客户关系对企业股价崩盘风险的影响及作用机理。

第二章

客户关系概述

第一节 客户关系的界定

客户关系是指客户供应商关系，站在某个企业角度，通常包括以下三种：第一，下游客户与企业之间的二维关系；第二，上游供应商与企业之间的二维关系；第三，上游供应商—企业—下游客户的三维关系。

一般而言，在"客户为王"的买方市场，客户对于企业的重要性远高于供应商对于企业的重要性，且三维数据难以获得，现有客户供应商关系的实证研究主要侧重于下游客户与企业之间的二维关系。本书也站在这一视角，研究企业与下游客户之间的关系能否以及如何影响企业的股价崩盘风险。

第二节 客户关系的相关理论

一、利益相关者理论

利益相关者理论（Stakeholder Theory）是由 Freeman 于 1984 年在《战略管理：利益相关者管理的分析方法》一书中提出的。与传统的股东至上主义不同，该理论认为任何一个公司的发展都离不开各利益相关者的投入或参与，企业追求的应该是所有利益相关者的整体利益，而不仅仅是某些主体（例如大股东或控股股东）的利益，企业的经营管理者也应为综合平衡各个利益相关者的利益要求而进行相应的管理活动。

一般来说，利益相关者既包括企业的股东、债权人、员工、客户、供应商等交易伙伴，也包括政府部门、本地居民、媒体等相关人群，甚至包括自然环境、人类后代等受到企业经营活动直接或间接影响的客体。这些利益相关者与企业的生存和发展密切相关，他们有的分担了企业的经营风险（客户和供应商等），有的为企业的经营活动付出了代价（管理者和员工等），有的对企业进行监督和制约（股东和债权人等），企业的经营决策必须要考虑他们的利益或接受他们的约束。因此，只有服务好那些对企业进行了相关投资并承担了相应风险的股东、债权人、客户与供应商等利益相关者，企业自身利益才会最终实现（Blair，1995）。

客户作为其中重要的组成成员之一，能全方面影响企业的运营活动、成本结构和盈利水平。随着互联网＋的快速发展，产业价值链的提升受到越来越多的关注，良好的客户供应商关系是企业的重要无形资产（Nagar and Rajan, 2005），处理好企业与下游客户和上游供应商之间的关系有利于产业价值链的提升。

二、溢出效应理论

溢出效应（Spillover Effect），亦称外部效应（Externality）或外部性，是经济学术语。作为经济学文献中最难琢磨的概念之一，至今仍没有统一的定义。大多数文献遵循萨缪尔森和诺德豪斯的观点，认为溢出效应（外部性）是指那些生产或消费对其他团体强征了不可补偿的成本或给予了无需补偿的收益的情形。

根据溢出效应（外部性）的方向，可以将溢出效应（外部性）分为单向溢出效应（单向的外部性）和交互溢出效应（交互的外部性）。单向溢出效应（单向的外部性）是指一方给另一方带来外部经济或外部不经济，但另一方无法给对方带来相应影响。例如上游化工厂排放废水会影响下游渔场的产量和质量，即化工厂给渔场带来了外部不经济；但下游渔场并不会给上游化工厂造成影响，不会产生外部经济或外部不经济。交互溢出效应（交互的外部性）是指当事双方都能给对方施加成本或影响，造成外部经济或外部不经济。例如，所有国家都对生态环境造成了损害，彼此之间都有外部不经济效应。

具体到客户供应商，溢出效应（外部性）是指客户（或供应商）的行为能给企业施加影响，造成外部经济或外部不经济。例如，客户发布月度销售报告时，不仅客户的股价会对盈余作出反应，企业的股价也会对盈余作出反应（Olsen and Dietrich, 1985），即客户的盈余公告对企业的股价造成了外部经济或不经济效应；在客户开破产会发布当期和前期，其上游供应商以及供应商所在行业的股票回报均为负（Hertzel et al. (2008)，即客户破产行为给企业带来了外部不经济效应。传染效应是一种特殊的溢出效应，指某些公司发生不良事件时，与之有关联的其他公司也会出现负面信息（Leitner，2005）。例如，客户季度盈余信息发布后，若客户的累计超额收益为负，供应商的累计超额收益也相应为负，即两者之间存在显著正相关关系（Pandit et al.，2010）。

第三节 客户关系的相关研究

一、客户关系的影响因素

（一）专有化成本对客户信息披露的影响

企业是否披露客户信息是成本收益权衡后的结果。披露收益主要是提高公司的信息透明度，降低企业与投资者之间的信息不对称，降低资本成本（王雄元和喻长秋，2014）；披露成本主要是增大竞争对手争夺优秀客户的风险（张敏等，2012）。Ellis et al.（2012）研究发现，具有R&D费用、无形资产或广告费用较高的企业更愿意披露主要客户信息，而大规模公司以及审计师声誉较高的公司更不愿意披露主要客户信息。王雄元和喻长秋（2014）研究发现，专有化成本是抑制中国企业披露客户信息的重要因素，资本市场收益则有利于削弱专有化成本与客户信息披露水平之间的负相关关系。Li et al.（2018）利用美国州立法院颁布的不可避免泄露规则作为外生事件检验了客户信息披露的专有化成本假说。研究发现，采用了商业秘密法案的企业减少客户身份信息的披露以免竞争对手竞争。

（二）准则规定对客户信息披露的影响

彭旋（2016）研究发现，除了专有化成本外，中国证监会发布的相关准则对中国上市公司的信息披露行为存在重要影响。随着准则对客户信息披露要求的上升，上市公司对于前五大客户销售占比合计数以及前五大客户的名称等明细信息的披露呈现逐年上升的趋势。

二、客户关系的经济后果

（一）客户关系对企业盈利性的影响

Patatoukas（2012）通过构建客户集中度（CC）指标，研究发现，客户集中度与 ROA 正相关，并且主要是通过降低经营费用、提高资产使用效率的方式增强企业业绩，但股票市场对 CC 的正向效应反应不足。李欢等（2018）利用中国 A 股上市公司 2007 年到 2012 年的研究样本则发现，客户集中度与企业的 ROA 负相关，且其主要原因在于企业为了维护大客户关系，支付了更多的业务招待费。Irvine et al.（2016）在 Patatoukas（2012）文章的基础上进行了拓展，引入了生命周期理论，他们认为客户集中度与企业业绩的关系可能是动态的，随时间变化而变化，表现在建立关系的初期，客户集中度与企业业绩负相关，超过某一阈值后，客户集中度与企业业绩正相关。这主要是因为在与客户建立关系的初期需要较多的投入，而关系的溢出需要过段时间才能显现。

Bonacchi et al.（2014）利用美国 31 家订阅模式公司 2002 年至 2009 年的季度数据，估算了客户价值，定量分析客户价值与企业估值之间的关系。在控制样本自选择问题后，研究发现客户价值与公司的股价、未来盈利能力正相关。Kim and Wemmerlov（2014）采用调查问卷的方式，对供应商的经营能力（包括产品质量、产品成本、运输成本、产品灵活性和新产品开发五个方面）能否转化为会计业绩进行了研究。结果发现，供应商的经营能力通过提升产品/服务价值增强了客户对供应商的依赖性，并且客户依赖性（即 power）有利于供应商与客户之间的合作行为，进而使得供应商从客户关系中获得较高的会计业绩。

（二）客户关系对收益稳定性的影响

Marty et al.（2004）研究发现，大客户的存在有助于稳定供应链，拥有大客户的零售商具有更高收益和收益稳定性。王雄元和彭旋（2016）以 2007 年至 2013 年中国 A 股上市公司的研究样本发现，稳定客户能提升企业的盈利能力、降低企业的盈余波动性。

（三）客户关系对存货管理的影响

强势方可能将存货管理压力转移给弱势方，此外买卖双方的协同也能降低双方存货水平。Kulp（2002）研究发现，在关系存在的情况下，企业通过 JIT 或者 VMI 存货模式降低存货水平的可能性更大，如果零售商提供销售与存货信息并保障其信息可信度，供应商会采取 VMI 存货管理模式以减少存货管理压力。若供应商与客户形成战略合作关系，能改善供应商管理效率，降低存货持有水平，提高存货周转效率。Ak and Patatoukas（2016）研究发现，制造行业公司客户集中度越高，持有存货越少、周期越短。将存货进一步分解为产成品和原材料，发现存货效率的提高主要体现在产成品上，而原材料的管理效率可能会被较高的生产持有量和较长的生产周期所抵消。

（四）客户关系对现金持有的影响

Itzkowitz（2013）研究发现，长期合作有助于企业间产业链整合和信息共享，也让处于这种长期关系链上的客户和供应商面临较高财务风险，出于保障动机，拥有重要客户的企业将持有更多现金。然而大客户关系与现金持有的正向关系可能也会受到客户性质的影响。Cohen and Li（2014）研究发现，当企业有美国政府作为大客户时,企业将持有较少现金,未来盈利波动性也较低,并且会给客户提供较少的商业信用。张志宏和陈峻(2015)以中国制造业上市公司的数据,研究发现,当企业的客户集中度较高时,企业持有的现金也较多。

(五) 客户关系对商业信用的影响

强势方更可能享有商业信用而弱势方可能被迫提供商业信用,当然买卖双方都可能将商业信用作为维持双方关系的一种工具。Hill et al. (2012) 研究发现,企业提供商业信用可减少与客户的销售摩擦并改善与客户关系,进而为投资者创造价值。陈正林(2016)以中国A股制造业上市公司为研究对象,发现客户集中度越高,企业为客户提供的商业信用越多。

(六) 客户关系对股利支付的影响

当企业依赖少数供应商/客户时,关系投资导致的财务压力以及主要客户信息保障效应会影响企业股利支付政策,因此客户关系投资与企业股利支付显著负相关(Wang, 2012)。

(七) 客户关系对避税行为的影响

Huang et al. (2016) 研究发现,当企业的客户集中度较高时,企业需要持有较多的现金,因而有动机进行避税活动,其避税行为也更高。此外,当企业与大客户关系密切时,这种密切关系会使得企业向大客户学习有利于企业的行为。Cen et al. (2017) 研究发现大客户公司更多通过"避税天堂"进行避税,并且密切的客户关系会使得避税知识从大客户影响到规模相对较小的企业,从而使得企业的避税行为也更多。

(八) 客户关系对合约签订的影响

由于存在信息不对称和逆向选择问题,合约的执行面临着不确定性,进而导致合约期限较短。但是,由于长期合约有利于双方进行专有化投资,双方会选择较长合约期限,同时为了减少道德风险会增加财务限制条款。Costello（2013）选取1996年到2010年由SEC公布的852份购销合同研究发现，存在专有化投资和合作双方会选择较长合约期并增加财务限制条款，即财务限制条款与短期合约之间存在替代效应。另外，合约执行与否与合约双方所处的法律环境息息相关。Dou et al.（2013）认为，在合约双方处于法律环境较弱的国家时，合约风险较大，双方有动机通过利润平滑方式与供应商维持较长关系。他们利用39个国家的样本验证了这一观点。

（九）客户关系对企业负债的影响

负债可作为吸引供应商（客户）对其进行专有化投资的工具，还可作为增强其在关系中的谈判力的工具。Kale and Shahrur（2007）研究发现，企业债务与供应商和客户R&D投资显著负相关，那些与供应商和客户有战略联盟或共同经营关系的企业的债务水平则较低。Banerjee et al.（2008）研究发现，在专有化投资比较重要的耐用品行业以及供应商高度依赖某些客户时，企业债务水平较低。Chu and Wang（2017）研究发现，当企业负债增加时，供应商也会增加负债，以维持与重要客户的谈判力。Oliveira et al.（2017）研究发现，在客户提出破产申请前两年，企业增加了财务杠杆，以增加其议价能力，而在客户重组成功后，企业会减低了财务杠杆，恢复到以前的状况。

（十）客户关系对创新活动的影响

重要客户为了提高其产品质量，可能会迫使企业加大研发投入。Farber（1981）研究发现，对于集中度较低（高）的供应商而言，客户集中度较高会抑制（促进）其R&D支出；Peters（2000）研究发现，当供应市场高度集中（分散）而客户高度集中时，采购商的变革以及R&D投入将增加（减少），买方在价格上的压力会减少卖方创新费用；He et al.（2014）研究发现，客户集中度较高时，企业会进行较多创新，即重要客户关系有正向激励作用。孟庆玺以 2005 年至 2014 年中国的上市公司为样本，研究发现，在中国，客户集中度不仅没有激励企业的技术创新，反而一定程度上阻碍了企业的技术创新。

（十一）客户关系对资本成本的影响

大客户关系往往伴随着较高的风险进而可能导致较高的融资成本。主要客户会给企业带来较大风险的原因有两个：一是若客户陷入财务困境、破产、转移到其他供应商或转为内部生产产品，企业将面临丧失未来大部分销售收入的风险；二是如果客户破产，企业将面临应收账款难以回收风险，导致预期现金流流失。

Dhaliwal et al. （2015）利用美国 1981 年到 2011 年公开上市公司数据，研究发现客户集中度与权益资本成本正相关，并且当供应商失去客户可能性较大或失去客户后遭受损失较大时，客户集中度与权益资本成本之间的正相关关系更强。当企业主要客户为政府机构时，因政府机构破产风险较低，不会给企业带来较大风险，所以权益资本成本也较低。而陈峻等（2015）利用中国 A 股上市公司的数据，则发现客户集中度越高，企业的权益资本成本越低。

Campello et al. （2017）以美国上市公司为研究对象，发现较高的客户集中度会带来较高的债务成本，即会导致较高的贷款利率、更多限制条款、更低贷款期限、更低的银行关系持久性和深度。而江伟等（2017）利用中国的上市公司为研究对象则发现，随着客户集中度的上升，企业的长期银行贷款先逐渐增加，随后又逐渐降低。

王雄元和高开娟（2017）以债券信用利差为研究对象，发现对客户的过度依赖可能引起供应商企业资产波动率过高而使得供应商企业发行的债券信用利差较大,即较高的客户集中度会带来较高的债券信用利差。

(十二) 客户关系对会计政策的影响

Hui et al. (2012) 认为供应商(客户)对企业具有一定的监督效应,他们研究发现,当供应商(客户)具有较强议价能力时,为了防范管理层机会主义行为,会要求企业提供更高稳健性的会计报告;当企业处于资本密集型行业或供应商产品独一无二时,供应商议价能力与客户报告稳健性的正向关系会增强;而当客户议价能力较高或企业进入壁垒较高时,供应商议价能力与客户报告稳健性的正向关系会减弱。Cen et al. (2014) 认为如果供应商存在被起诉风险,主要客户可能会注意到该事项,关心该风险是否会影响自身,进而可能与供应商中断关系保护自身。使用美国 19110 对"企业—客户—年度"样本研究发现,如果供应商被起诉,客户会弱化或终断与供应商的关系。因而,相对于没有重要客户的企业而言,有重要客户(销售占比超过 10%)的供应商倾向于披露更多好消息而战略性选择隐藏坏消息。

三、客户关系的溢出效应

(一) 客户信息对企业的溢出效应

客户信息对企业的溢出效应主要是指客户的信息(如盈余公告、销售报告等)发布时会在供应链上产生外部效应,传染给上游供应商,影响供应商的股价等相关市场反应。Olsen and Dietrich (1985) 以零售业的月度销售公告为研究对象,分析企业的股价是否会受到客户盈余公告好坏的影响。结果发现,客户发布盈余公告时,不仅客户的股价会对盈余作出反应,企业的股价也会对盈余作出反应,并且客户与企业关系越紧密这种反应越强。这说明客户与供应商之间"一荣俱荣、一损俱损"的经济联系能有效反映在资本市场上。Hertzel et al.（2008）重点关注财务困境在供应链上的传播效应，他们的研究发现在客户开破产会发布当期和前期，其上游供应商以及供应商所在行业的股票回报均为负。Pandit et al.（2011）发现客户季度盈余信息发布后，客户 CAR 与供应商 CAR 存在显著正相关关系，且客户供应商之间的经济密度、客户收入和成本的季节变化程度以及宏观环境不确定性能进一步增强客户 CAR 与供应商 CAR 之间的相关性。

Cohen and Frazzini（2008）研究表明公司公开披露的客户在 t 月的股票回报能够预测公司第 t + 1 月的股票回报。Madsen（2017）以美国 1990—2014 年美国的 33740 个盈余公告为样本，研究发现，公司盈余公告前，投资者对客户的关注程度会增加，客户的股票回报能够预测公司盈余公告前的股票回报，而不是在公告后的回报，这表明公司盈余公告缓解了投资者对客户信息的有限注意力，加速了客户信息的定价能力。

（二）客户信息对分析师的溢出效应

客户信息对分析师的溢出效应主要是指当一个分析师同时关注企业和客户时，分析师从客户处获得的私有信息有利于提高其对上游企业的预测准确性。Guan et al.（2015）研究发现，供应商和客户经济密切度越高（供应商销售给客户的金额占总销售收入的比例），分析师同时跟踪两者的可能性越大。并且相对于只跟踪供应商不跟踪客户的分析师而言，同时跟踪两者的分析师预测准确度更高。而 Luo and Nagarajan（2015）较全面分析了分析师选择同时跟踪供应商和客户的影响因素和经济后果。结果发现供应商与同行业其他企业、其主要客户和分析师同时跟踪的其他企业之间的信息互补性是影响分析师是否同时跟踪供应商和客户的主要因素。尽管相对于非供应链分析师而言，供应链分析师为供应商企业提供了更准确的预测，但为其跟踪的其他企业提供的预测准确度下降。

（三）客户信息对审计师的溢出效应

客户信息对审计师的溢出效应主要是指当审计师同时审计企业和客户时，审计师事务所从客户处获得的私有信息会影响其对上游企业的审计收费和审计质量。Chen et al.（2014）使用美国公司2003年到2009年的4936个样本，研究供应链知识溢出效应对审计收费的影响。结果发现审计师事务所的供应链知识与审计收费负相关，即当供应商的审计师事务所同时审计供应商的主要客户时，审计师具有更多的供应链知识会收取较低的费用，并且当审计师事务所是同一分部层面（而不是国家层面）时，供应链知识与审计收费负相关关系更强。Johnstone et al.（2014）的研究发现若供应商与客户由同一事务所审计，由于审计师可以同时了解供应商和客户，审计质量更高、审计收费更低。且这种效应主要出现在供应商和客户是由同一事务所同一城市分布审计时成立，而在供应商和客户由同一事务所不同城市分布审计时不成立；并且供应商对客户依赖程度越高，效应越强。

（四）客户信息对债权人的溢出效应

客户信息对债权人的溢出效应主要是指当银行等债权人同时给企业和客户提供借款时，审计师事务所从客户处获得的私有信息会影响其对上游企业的信贷风险评估水平，进而对借款合约产生影响。Gong and Luo（2014）使用美国1988年至2010年1135个"企业—客户—年度"数据研究发现：如果银行以前给借款者的客户提供过贷款，银行可以从客户处获得供应链信息，降低银行与借款者之间的信息不对称，进而降低对借款者会计稳健性需求。这说明客户与企业之间的经济联系可以为银行评估企业的信贷风险提供有用的私有信息。Files and Gurun (2018) 研究与借款者经济上相关联的公司发布的财务重述是否会影响贷款合同条款。结果发现，大客户的财务重述会增加借款者约 11 个基准点的贷款利差。当借款者转换成本较高时，客户重述的溢出效应更高（借款者贷款利差会增加约 45 个基准点）。此外，当发生财务重述的同行业公司也在同一银行的贷款组合中时，贷款利差对同行业公司的财务重述敏感性更大。

四、客户关系文献的述评

现有研究表明，客户与供应商之间存在着"一荣俱荣、一损俱损"密切联系，且良好的客户关系是企业重要的无形资产，有利于企业价值的提升。尽管已有研究较为丰富，但仍然存在以下空白：（1）现有客户关系成果主要集中在外文文献，中国文献还不多。由于美国和中国在制度背景和经济环境等存在较大差异，且从现有研究结论看，中国式客户关系对企业的影响与美国式客户关系对企业的影响结论并不一致，因此客户关系对中国企业的作用机理还需要进行分析和总结；（2）客户信息披露的经济后果研究不足。现有文献主要集中探讨客户关系的经济后果，而相对忽视客户信息披露的经济后果，其主要原因在于外文文献大多以美国上市公司数据为研究对象，而美国对客户信息的披露行为是强制的[①]，企业没有太多操

[①] 美国 SFAS No.131 规定企业应披露其对主要客户的依赖程度，对于销售金额占企业所有销售收入的比例超过 10% 的单一客户，企业必须同时披露该客户的身份和销售占比。

作空间。但中国证监会对客户信息的披露要求既存在强制部分，也存在非强制部分①，即中国上市公司对客户信息的披露具有较大的操纵空间。以中国上市公司为研究对象时，需要充分考虑客户信息披露水平的经济后果；（3）客户关系对企业资本市场表现的研究相对较少。现有文献主要集中在客户关系对企业盈利水平、运营活动、成本结构、审计师行为、分析师行为或债权人行为的影响，相对忽视客户关系对企业资本市场表现的作用。Olsen and Dietrich（1985）、Gosman et al.（2004）、Hertzel et al.（2008）、Pandit et al.（2010）与 Patatoukas（2012）进行了少量研究，但结论并不一致。Gosman et al.（2004）研究认为，大客户这种"组织资本"无形资产能被资本市场识别并体现在市场价值中；而 Patatoukas（2012）的研究则显示虽然较高的客户集中度有利于企业会计业绩的提升，但股票市场对较高客户集中度的正向效应反应不足。

本书以股价崩盘风险为切入点，拟在以下几个方面进行拓展：（1）利用中国的客户信息披露和客户特征数据，较全面地分析客户对企业股价崩盘风险的影响，检验西方理论在中国的适用性；（2）利用中国特有的客户信息披露的制度背景，研究客户基本关系与客户具体特征给企业带来的经济后果，补充相关文献；（3）通过研究客户对企业股价崩盘风险的影响，检验客户这种"组织资本"无形资产能否被中国投资者识别，并体现在股票市场上。

---

① 具体而言，中国证监会从 2009 年起开始要求上市公司披露前五大客户销售占比合计数，从 2012 年起开始鼓励上市公司披露前五大客户的具体名称、销售金额等明细信息。具体准则要求详见第三章。

本章小结

随着"互联网+"和产业价值链的快速发展,企业面临的关系网络越来越复杂,股东、债权人、员工、竞争对手、客户、供应商、审计师、分析师、媒体、政府等利益相关者的行为均会影响企业的发展,且只有管理和权衡好这些关系的企业才可能在竞争激烈的现代商业社会中立于不败之地。

一方面,现有股价崩盘风险文献虽然关注了公司的部分利益相关者(如大股东、高管、审计师、分析师、机构投资者、媒体、政府等)对股价崩盘风险的影响,但相对忽视客户这一重要利益相关者对其可能的影响。另一方面,客户关系文献虽然较为丰富,但针对资本市场表现的研究为数不多,也没有得到一致结论,且大部分客户关系文献均以美国上市公司为研究对象,对中国数据研究不足。

此外,由于美国和中国在制度背景和经济环境等存在较大差异,中国式客户关系对企业的影响与美国式客户关系对企业的影响结论并不一致。例如,在企业业绩方面,Patatoukas(2012)以美国数据研究发现,企业的客户集中度客户集中度与盈利能力ROA正相关,并且主要是通过降低经营费用、提高资产使用效率的方式增强企业业绩。而李欢等(2018)以中国数据则发现,客户集中度与企业的盈利能力ROA负相关,且其主要原因在于企业为了维护大客户关系,支付了更多的业务招待费。

在资本成本方面,Dhaliwal et al.(2015)利用美国数据研究发现,客户集中度与权益资本成本正相关,而陈峻等(2015)利用中国A股上市公司的数据,发现客户集中度越高,企业的权益资本成本越低。

在债务成本方面，Campello et al.（2017）以美国数据研究发现，较高的客户集中度会导致企业的银行贷款利率较高、限制性条款较多、贷款期限较短、银行关系也较为短暂。而江伟等（2017）利用中国数据则发现，随着客户集中度的上升，企业的长期银行贷款先逐渐增加，随后又逐渐降低。

本书以中国上市公司数据为研究对象，从客户基本关系和客户具体特征两个角度，系统、全面地分析客户对企业股价崩盘风险的影响及其作用机理，有利于拓展中国式客户关系的经济后果，也有利于加深对股价崩盘风险的认识，具有一定的理论价值和现实意义。

第三章 客户关系的特征描述

本书主要从客户基本关系和客户具体特征两个角度分析客户对企业股价崩盘风险的影响,为此,至少需要获取两类数据,其一是企业自身的客户信息披露数据,其二是客户公司的具体特征数据。只有当客户为上市公司时,第二类数据才能被获得。本章对我国上市公司信息披露规则中与客户信息披露有关的具体规定进行全面梳理,并在此基础上,对客户信息披露的数据情况进行详尽描述,最后,重点分析什么因素影响企业的客户信息披露行为,以及如何刻画企业与客户之间的关系,为后续实证章节提供基础。

第一节 客户信息披露的制度背景

为了保障投资者的利益、降低信息不对称程度、提高资本市场运行效率、维护证券市场健康有序发展,全国人民代表大会常务委员会、国务院、中国证券监督管理委员会以及财政部等相关部门一直致力于规范上市公司的信息披露行为,相继颁布了一系列法律法规,已构建出一套较为完善的制度体系。在这一系列制度规则中,《公开发行证券的公司信息披露内容与格式准则》与《公开发行证券的公司信息编报规则》是上市公司在进行信息披露时最直接的依据。其中,《公开发行证券的公司信息编报规则》规定了上市公司在编报公司信息时必须遵守的一般规则,而《公开发行证券的公司信息披露内容与格式准则》则详细规定了上市公司在各类信息披露文件(招股说明书、募集说明书、上市公告书、定期报告和临时报告等)中应包含的内容与具体披露形式。由于本书重点关注客户对企业股价崩盘风险的影响,因而本书详细整理了《公开发行证券的公司信息披露内容与格式准则》系列准则中涉及客户信息披露的相关规定。

一、中国证监会对客户信息披露的总体规定

从 1994 年到 2018 年 12 月 31 日,为规范我国公开发行证券的公司信息披露行为,中国证券监督管理委员会相继发布的《公开发行证券的公司信息披露内容与格式准则》系列准则中共包含 40 号具体准则①,表 3-1 列示了各准则的具体名称、首次版本发布时间、现行版本发布时间以及修订历史。

---

① 2019 年 3 月 1 日,为规范在上海证券交易所科创板试点注册制公司首次公开发行股票的信息披露行为,保护投资者合法权益,中国证监会又发布了《公开发行证券的公司信息披露内容 与格式准则第 41 号——科创板公司招股说明书》和《公开发行证券的公司信息披露内容与格式准则第 42 号——首次公开发行股票并在科创板上市申请文件》。

表 3-1 公开发行证券的公司信息披露内容与格式准则列示

序号	准则名称	首次版本发布时间	现行版本发布时间	历史修订记录
1 号	招股说明书	1997 年	2015 年	2001 年、2003 年、2006 年、2015 年
2 号	年度报告的内容与格式	1994 年	2017 年	1995 年、1997 年、1998 年、1999 年、2001 年、2003 年、2004 年、2007 年、2012 年、2014 年、2016 年、2017 年
3 号	半年度报告的内容与格式	1994 年	2017 年	1996 年、1998 年、2000 年、2002 年、2003 年、2007 年、2014 年、2016 年、2017 年
4 号	配股说明书的内容与格式	1994 年	1999 年	1999 年
5 号	公司股份变动报告的内容与格式	1994 年	2007 年	2005 年、2007 年
6 号	法律意见书和律师工作报告的内容与格式	1994 年	1999 年	1999 年
7 号	上市公告书的内容与格式	1997 年	2001 年	2001 年
8 号	验证笔录的内容与格式	1998 年	1998 年	1998 年
9 号	首次公开发行股票申请文件	2001 年	2006 年	2006 年
10 号	上市公司公开发行证券申请文件	2006 年	2006 年	详见脚注①

---

① 该号准则前身是中国证监会于 2001 年发布的准则《公开发行证券的公司信息披露内容与格式准则第 10 号——上市公司新股发行申请文件》，2006 年中国证监会发布该号准则后，原准则与原《公开发行证券的公司信息披露内容与格式准则第 12 号——上市公司发行可转换公司债券申请文件》同时废止。

续表

序号	准则名称	首次版本发布时间	现行版本发布时间	历史修订记录
11号	上市公司公开发行证券募集说明	2006年	2006年	详见脚注①
12号	上市公司发行可转换公司债券申请文件	2001年		2006年废止
13号	可转换公司债券募集说明书	2001年		2003年修订、2006年废止
14号	上市公司发行可转换公司债券上市公告书	2001年		2006年废止
15号	上市公司股东持股变动报告书	2002年	2014年	2006年、2014年
16号	上市公司收购报告书	2002年	2014年	2006年、2014年
17号	要约收购报告书	2002年	2014年	2006年、2014年
18号	被收购公司董事会报告书	2002年	2006年	2006年
19号	豁免要约收购申请文件	2002年	2006年	2006年
20号	证券公司发行债券申请文件	2003年	2003年	
21号	证券公司公开发行债券募集说明书	2003年	2003年	
22号	证券公司债券上市公告书	2003年	2003年	
23号	公开发行公司债券募集说明书	2007年	2015年	2015年
24号	公开发行公司债券申请文件	2007年	2015年	2015年
25号	上市公司非公开发行股票预案和发行情况报告书	2007年	2007年	
26号	上市公司重大资产重组申请	2008年	2018年	2014年、2017年、2018年

---

① 该号准则前身是中国证监会于2001年发布的准则《公开发行证券的公司信息披露内容与格式准则第11号——上市公司发行新股招股说明书》,2006年中国证监会发布该号准则后,原准则与原《公开发行证券的公司信息披露内容与格式准则第13号——可转换公司债券募集说明书》同时废止。

续表

序号	准则名称	首次版本发布时间	现行版本发布时间	历史修订记录
27号	发行保荐书和发行保荐工作报告	2009年	2009年	
28号	创业板公司招股说明书	2009年	2015年	2014年、2015年
29号	首次公开发行股票并在创业板上市申请文件	2009年	2014年	2014年
30号	创业板上市公司年度报告的内容与格式	2009年	2012年	2012年
31号	创业板上市公司半年度报告的内容与格式	2010年	2013年	2013年
32号	发行优先股申请文件	2014年	2014年	
33号	发行优先股预案和发行情况	2014年	2014年	
34号	发行优先股募集说明书	2014年	2014年	
35号	创业板上市公司公开发行证券募集说明书	2014年	2014年	
36号	创业板上市公司非公开发行股票预案和发行情况报告书	2014年	2014年	
37号	创业板上市公司发行证券申请文件	2014年	2014年	
38号	公司债券年度报告的内容与格式	2016年	2016年	
39号	公司债券半年度报告的内容与格式	2016年	2016年	
40号	试点红筹企业公开发行存托凭证并上市申请文件	2018年	2018年	
41号	科创板公司招股说明书	2019年	2019年	
42号	首次公开发行股票并在科创板上市申请文件	2019年	2019年	

从表 3-1 中可以看到，中国上市公司信息披露的准则并非一成不变，而是顺应资本市场的发展需要进行实时更改，在不到 30 年的时间内，大部分准则都进行过不止一次的修订。以《公开发行证券的公司信息披露内容与格式准则第 2 号——年度报告的内容与格式》（以下简称《第 2 号——年度报告的内容与格式》）为例，1994 年中国证监会首次发布试行条例，其后，中国证监会分别于 1995 年、1997 年、1998 年、1999 年、2001 年、2003 年、2004 年、2007 年、2012 年、2014 年、2016 年、2017 年等年份进行了十余次修订，平均每两年修订一次。

在上述 40 号准则中，共有 9 号文件涉及客户信息披露的规定（以现行准则为例）[①]：（1）《第 1 号——招股说明书》要求发行人披露"报告期内各期向前五名客户[②]合计的销售额占当期销售总额的百分比。如向单个客户的销售比例超过总额的 50% 或者严重依赖于少数客户的，应披露其名称和销售比例"。如董事、监事、高级管理人员和核心技术人员，主要关联方或持有发行人 5% 以上股份的股东在上述客户中占有权益，应予以披露；（2）《第 2 号——年度报告的内容与格式》第二十七条要求上市公司在回顾分析报告期内的经营情况时，披露"主要销售客户的情况，以汇总方式披露公司向前五名客户销售额占年度销售总额的比例；鼓励公司分别披露前五名客户[③]名称和销售额"。第二十八条要求公司对未来发展进行展望，即公司"应该在年度

---

① 对供应商具有类似的披露要求，例如，要求上市公司披露"报告期内各期向前五名客户合计的销售额占当期销售总额的百分比"的同时，也要求上市公司披露"报告期内向前五名供应商合计的采购额占当期采购总额的百分比"。

② 上市公司在披露时，如果客户为发行人的关联方，则应披露产品最终实现销售的情况；且受同一实际控制人控制的销售客户，应合并计算销售额。

③ 对于属于同一控制人控制的客户应当合并列示，受同一国有资产管理机构实际控制的除外。

报告中讨论和分析公司未来发展战略、下一年度的经营计划以及公司可能面临的风险（其中包括单一客户依赖风险）"。第四十二条鼓励公司披露包含供应商和客户权益保护等在内的社会责任履行情况；(3)《第 26 号——上市公司重大资产重组申请文件》第二十一条要求上市公司披露"报告期内各期向前五名客户[①]合计的销售额占当期销售总额的百分比，向单个客户的销售比例超过总额的 50% 或严重依赖于少数客户的，应当披露其名称及销售比例"。此外，上市公司应该披露"报告期董事、监事、高级管理人员和核心技术人员，其他主要关联方或持有拟购买资产 5% 以上股份的股东在前五名供应商或客户中是否占有权益及其比例"；(4)《第 28 号——创业板公司招股说明书》第四十二条要求上市公司披露"报告期内各期向前五名客户合计的销售额占当期销售总额的百分比，向单个客户的销售比例超过总额的 50%、前五名客户中新增的客户或严重依赖于少数客户[②]的，应披露其名称或姓名、销售比例"。第七十九条要求披露对发行人持续盈利能力构成重大不利影响的因素，其中包括"发行人最近一年的营业收入或净利润对关联方或者有重大不确定性的客户存在重大依赖"；(5)《第 30 号——创业板上市公司年度报告的内容与格式》第二十一条要求上市公司在主要会计数据和财务指标摘要之后刊登重大风险提示，其中包括对大客户的依赖风险。第二十四条规定公司应当披露主要客户情况，介绍"公司向前 5 名客户合计的销售额占公司年度销售总额的比例。向单一

---

① 如该客户为交易对方及其关联方，则应当披露产品最终实现销售的情况；受同一实际控制人控制的销售客户，应当合并计算销售额。

② 如该客户为发行人关联方，则应披露产品最终实现销售的情况；受同一实际控制人控制的销售客户，应合并计算销售额。

供应商或客户采购、销售比例超过30%的,还应说明该客户①销售金额及所占比例,报告期内公司与其之间的销售金额和比例相比以前年度是否发生较大变化"。第二十五条要求公司在对未来发展进行展望时披露公司可能面临的风险,其中包括单一客户依赖风险;(6)《第31号——创业板上市公司半年度报告的内容与格式》第二十三条规定"如果报告期内前5大客户发生变化的,公司应说明变化的具体情况并分析对公司未来经营的影响";(7)《第35号——创业板上市公司公开发行证券募集说明书》第二十六条要求公司披露"报告期内不同年度向前5名客户合计的销售额占不同年度销售总额的百分比,如向单个客户②的销售比例超过总额的50%或严重依赖于少数客户的,则应披露其名称及销售比例";如果公司董事、监事、高级管理人员和核心技术人员,主要关联方或持有发行人5%以上股份的股东在上述客户中所占权益,应予以披露;若无,亦应说明;(8)《第38号——公司债券年度报告的内容与格式》第三十四条规定公司应当披露"报告期内与主要客户发生业务往来时,是否有严重违约事项;如有,应当披露相关基本情况、涉及金额、是否形成预计负债等,以及对公司经营情况和偿债能力的影响";(9)《第39号——公司债券半年度报告的内容与格式》第三十四条规定公司应当披露"报告期内与主要客户发生业务往来时,是否有严重违约事项;如有,应当披露相关基本情况、涉及金额、是否形成预计负债等,以及对公司经营情况和偿债能力的影响"。

通过上述梳理可以发现:公司在上市前、上市中、股票再发

---

① 属于同一控制人控制的客户应合并列示。
② 如该客户为发行人关联方,则应披露产品最终实现销售的情况;对于销售客户存在同属相同的实际控制人情形的,则应合并计算销售额。

行、债券发行或发生重大资产重组时均需要披露前五大客户的销售占比、是否依赖主要客户等相关信息。这说明客户这一重要利益相关者对企业可能存在重大影响，也意味着中国证监会对客户信息的披露十分重视。

二、中国年度报告对客户信息披露的具体要求

由于客户信息主要可从公司的年度报告中获得，在此，笔者重点整理了《第2号——年度报告的内容与格式》和《第30号——创业板上市公司年度报告的内容与格式》准则中所涉及的相关客户信息披露的具体要求，详见表3-2。具体而言，在上海证券交易所主板市场、深圳证券交易所主板市场和深圳证券交易所中小企业板市场公开发行证券的上市公司均适用《第2号——年度报告的内容与格式》，在深圳证券交易所创业板市场公开发行证券的上市公司适用《第30号——创业板上市公司年度报告的内容与格式》。此外，随着时间的变化，宏观环境、资本市场信息环境以及投资者对信息的需求等发生改变，中国证监会对准则也进行了相应调整。为了体现准则的变迁过程，表3-2中Panel A列示了第2号准则在不同年份对主板和中小板上市公司的披露要求，Panel B列示了第30号准则在不同年份对创业板上市公司的披露要求。

表3-2　上市公司年度报告中客户信息披露要求

Panel A 主板和中小板上市公司不同年度准则披露要求		
颁布年份	适用时间	披露要求
1994年	1994年1月—1995年12月	无
1995年	1995年12月—1997年12月	无

续表

颁布年份	适用时间	披露要求
1997 年	1997 年 12 月—1998 年 12 月	无
1998 年	1998 年 12 月—1999 年 12 月	无
1999 年	1999 年 12 月—2001 年 12 月	无
2001 年	2001 年 12 月—2003 年 1 月	公司应当披露其向前 5 名客户销售额合计占公司销售总额的比例
2003 年	2003 年 1 月—2003 年 12 月	公司应当披露其向前 5 名客户销售额合计占公司销售总额的比例
2003 年	2003 年 12 月—2007 年 12 月	公司应当披露其向前 5 名客户销售额合计占公司销售总额的比例
2007 年	2007 年 12 月—2012 年 12 月	公司应当披露其向前 5 名客户销售额合计占公司销售总额的比例
2012 年	2012 年 12 月—2014 年 5 月	1. 公司应当以汇总方式披露公司向前 5 名客户销售额占年度销售总额的比例； 2. 鼓励公司分别披露前 5 名客户名称和销售额； 3. 属于同一控制人控制的客户应当合并列示，受同一国有资产管理机构实际控制的除外； 4. 公司应披露可能对公司未来发展战略和经营目标的实现产生不利影响的重大风险因素（其中包括单一客户依赖风险）。
2014 年	2014 年 5 月—2015 年 11 月	1. 公司应当以汇总方式披露公司向前 5 名客户销售额占年度销售总额的比例； 2. 鼓励公司分别披露前 5 名客户名称和销售额； 3. 属于同一控制人控制的客户应当合并列示，受同一国有资产管理机构实际控制的除外； 4. 公司应披露可能对公司未来发展战略和经营目标的实现产生不利影响的重大风险因素（其中包括单一客户依赖风险）。

续表

颁布年份	适用时间	披露要求
2015 年	2015 年 11 月—2016 年 12 月	1. 公司应当以汇总方式披露公司向前 5 名客户销售额占年度销售总额的比例； 2. 鼓励公司分别披露前 5 名客户名称和销售额； 3. 属于同一控制人控制的客户应当合并列示，受同一国有资产管理机构实际控制的除外； 4. 公司应披露可能对公司未来发展战略和经营目标的实现产生不利影响的风险因素（其中包括单一客户依赖风险）。
2016 年	2016 年 12 月—2017 年 12 月	1. 公司应当以汇总方式披露公司向前 5 名客户销售额占年度销售总额的比例； 2. 鼓励公司分别披露前 5 名客户名称和销售额，以及其是否与上市公司存在关联关系； 3. 属于同一控制人控制的客户应当合并列示，受同一国有资产管理机构实际控制的除外； 4. 公司应披露可能对公司未来发展战略和经营目标的实现产生不利影响的风险因素（其中包括单一客户依赖风险）。
2017 年	2017 年 12 月至今	1. 公司应当以汇总方式披露公司向前 5 名客户销售额占年度销售总额的比例； 2. 鼓励公司分别披露前 5 名客户名称和销售额，以及其是否与上市公司存在关联关系； 3. 属于同一控制人控制的客户应当合并列示，受同一国有资产管理机构实际控制的除外； 4. 公司应披露可能对公司未来发展战略和经营目标的实现产生不利影响的风险因素（其中包括单一客户依赖风险）。

Panel B 创业板上市公司不同年度准则披露要求

颁布年份	适用时间	披露要求
2009 年	2009 年 12 月—2012 年 12 月	1. 公司应当介绍公司向前 5 名客户销售额合计占公司销售总额的比例及应收账款的余额和其占公司应收账款总余额的比重； 2. 单一客户销售比例超过 30% 的，还应说明该客户的名称，销售金额及所占比例，报告期内公司与其之间的销售相比以前年度是否发生较大变化； 3. 公司应披露可能对公司未来发展战略和经营目标的实现产生不利影响的所有风险因素（其中包括单一客户依赖风险）。

续表

颁布年份	适用时间	披露要求
2012年	2012年12月至今	1. 公司在主要财务指标摘要之后刊需登重大风险提示（其中包括大客户依赖风险）； 2. 公司应当介绍公司向前5名客户合计的销售额占公司年度销售总额的比例； 3. 单一客户销售比例超过30%的，还应说明该客户销售金额及所占比例，报告期内公司与其之间的销售相比以前年度是否发生较大变化。属于同一控制人控制的客户应合并列示； 4. 公司应当披露可能对公司未来发展战略和经营目标的实现产生不利影响的所有风险因素（其中包括单一客户依赖风险）

根据表3-2展示的信息，可以总结出中国上市公司客户信息披露要求存在着如下特点：（1）作为企业重要利益相关者之一的客户，越来越受到中国证监会等监管机构和投资者等市场参与者的重视，与其有关的披露要求也越来越多，对于前5名客户销售占比合计数从2001年开始强制要求被披露；（2）为了提高信息的可比性和可理解性，中国证监会对客户信息的披露也越来越规范。从2012年开始，中国证监会要求上市公司在披露客户信息时，若存在两个或两个以上的客户归属于同一实际控制人，那么企业应该将这些客户合并为一个客户进行统一列示（受同一国有资产管理机构实际控制的除外）。这种规范化信息披露的方式不仅可以增强不同公司之间的可比性，还可以降低企业操纵战略性披露客户信息的空间；（3）随着控制金融市场风险重要性的提高，中国证监会越来越重视企业的未来风险，即从2012年开始，中国证监会开始要求企业"依据关联性原则和重要性原则披露可能对公司未来发展战略和经营目标的实现产生不利影响的风险因素"，除了宏观的政策性风险、行业特有风险、利率

风险、汇率风险外,还包括微观的经营风险、业务模式风险、环保风险、财务风险、技术等核心竞争力下滑风险等,也包括供应商上下游风险,即产品价格风险、原材料价格及供应风险和单一客户依赖风险等;(4)对于不同类型企业,中国证监会对此类客户信息披露的要求略有差异,对于在创业板市场公开发行证券的公司而言,往往是规模较小、成长性较好、风险较大的公司,这样的公司在开拓市场的初期,可能过度依赖某一个或某几个大客户,这种依赖可能会带来"hold-up risk"(即套牢风险),一旦它的主要客户陷入财务危机,面临高昂转换成本的企业可能受到牵连,遭受巨大损失,尤其是对于以商业信用(如提供较长时间的应收账款期限)为开拓市场的成长性企业而言。中国证监会强制要求创业板上市公司其披露大客户风险,即企业应披露销售比例超过30%的单一客户的具体名称、销售金额及所占比例。创业板上市公司还需披露其与销售比例超过30%的单一客户之间的销售相比以前年度是否发生较大变化。这些信息有利于引起投资者足够的重视、进行全面评估;(5)关于客户相关信息的披露程度,中国尚处于摸索阶段。披露客户信息对投资者而言可能较为有利,投资者可以通过关注客户进一步了解企业信息,但披露具体客户名称对企业而言则存在较大的专有成本,如增大竞争对手争夺优秀客户的潜在风险。到底以何种程度披露客户信息,是否披露每个客户的具体名称、销售金额、销售占比,甚至企业与客户是否存在关联关系等相关信息,对企业而言是一个"风险与收益"并存的选择,一般而言,企业根据自身情况进行权衡(trade - off)。事实上,从2001年起,陆续有少量上市公司自愿披露前五大客户的名称、销售金额和销售占比等信息,以此提升企业的信息披露水平。从2009年开始,中国证监会开始要求创业板上市公司披露销售比例超过30%的单一客户的名称、销售金额和销售占比等信息,从 2012 年起,中国证监会开始鼓励主板和中小板上市公司披露其前五名客户名称和销售额,从 2016 年开始,中国证监会进一步鼓励主板和中小板上市公司是否与前五名客户存在关联关系。这可能是中国证监会在客户信息披露方面的政策探索。这说明政策规定是基于企业的实际披露能力、投资者实际需求以及宏观市场环境的变化而不断改进的,为我们进行相关话题研究提供了很好的研究场景,同时也说明,后续政策走向、企业应该如何披露信息、投资者如何解读信息等都需要进行全面的研究,并提供相应的经验证据支持。

三、中国与西方客户信息披露要求的差异分析

中国与西方(以美国为例)的资本市场发展历史不同、国情不同、投资者的投资态度不同,两者的信息披露要求也存在着较大差异。具体到年度报告客户信息披露方面,美国 SFAS No. 131 规定上市公司应披露其对主要客户的依赖程度,对于销售金额占企业所有销售收入的比例(以下简称"销售占比")超过 10% 的单一客户,企业必须同时披露该客户的具体名称和销售占比。由此可以看到,美国上市公司侧重于披露大客户,且客户的具体名称与销售占比都是被强制要求披露的。而在中国,目前中国证监会只强制要求公司披露向前五名客户销售额合计占公司销售总额的比例(以下简称"前五名客户销售占比合计数"),以及创业板大客户(销售占比超过 30% 的单一客户)的具体名称、销售金额及所占比例。对于其他前五大的客户的具体名称等信息尚无强制性披露要求,尚在摸索阶段。

中国与西方的差异为我们研究中国客户关系对企业股价崩盘风险的影响提供了丰富的研究数据:(1)相对于西方只有大客户而言,中国披露前五大客户销售占比合计,能更全面研究客户对企业的影响；（2）后续数据统计显示，约69.02%自愿披露前五大客户的具体名称、销售金额及占比等信息，我们能据此计量出更多元的指标，如客户销售占比、客户稳定性等，能多维度研究客户特征。

第二节　客户信息披露的现状分析

过去30年是中国资本市场快速发展的30年，尤其是过去10年，中国上市公司数量和总市值迅猛增长。与此同时，中国企业会计准则也经历了多次修订。中国企业[①]目前主要执行2006年颁布、2007年1月1日实施的《企业会计准则》，在2007年至2016年间，除了《企业会计准则第2号——长期股权投资》和《企业会计准则第37号——金融工具列报》等部分准则进行过修订外，大部分准则没有变化。从2017年开始，为了适应企业经营环境的变化，提高会计信息的质量，进一步规范企业对相关交易和事项的确认、计量和信息披露行为，中国财政部等相关部门加大了企业会计准则的改进力度，对《企业会计准则第14号——收入》《企业会计准则第22号——金融工具确认与计量》《企业会计准则第23号——金融资产转移》《企业会计准则第24号——套期会计》等一系列准则进行了修订，新增了《企业会计准则第42号——持有待售的非流动资产、处置组合终止经营》等准则。为了保证不同年份不同行业上市公司数据的可比

[①] 针对不同行业的不同特点，中国财政部等相关部分也制定了不同会计准则，例如，在2011年前，金融企业适用专门的《金融企业会计准则》，该准则于2011年失效，此后，金融企业执行《企业会计准则》。由于行业特殊性，金融企业与一般企业差异太大，本书后续的实证研究中均将金融行业排除在外。

性和一致性,笔者主要选择2007年至2016年中国A股上市公司的大样本数据,通过实证研究方法全面分析中国式客户关系与股价崩盘风险之间的关系。

一、中国上市公司的基本情况

中国A股上市公司主要在主板、中小板和创业板三种[①]股票交易市场参与交易,其中,主板和中小板属于"一板市场",创业板属于"二板市场"。为了方便读者了解中国上市公司在不同年度和不同行业的基本分布状况,笔者首先按照不同证券交易所、不同上市板块类型(主板、中小板、创业板)整理了2007年到2016年的所有A股上市公司[②]的基本分布。

(一)不同年度上市公司的数量分布

表3-3列示了上市公司样本在不同年份的分布情况,数据显示:(1)时间序列上,上市公司的数量逐年增加,合计数从2007年的1526家到2016年的3032家,增加了近一倍。从不同市场看,无论是上海证券交易所还是深圳证券交易所,上市公司的数量都是逐年上升。特别是2009年开始的创业板,短短8年增加了10余倍,这说明中国证券市场得到了飞速发展;(2)不同交易所比较看,近几年深圳证券交易所上市公司数量增加幅度远超上海证券交易所,上海证券交易所10年增加了325家(增幅仅38.28%),而深圳证券交易所增加了1181家(增幅达到174.45%),增幅是上海证券交易所的4.56倍。当然,这与

[①] 全国性中小企业股份转让市场(简称"新三板")属于场外市场,科创板在2018年11月开始提出,2019年3月开始受理,均不在本书实证研究范畴,因此,笔者在此统计时不包括新三板和科创板。

[②] 这里上市公司是指股票在深交所或上交所可正常交易的公司,不包括已退市的上市公司,但包括同时在B股或H股上市的公司。

2009年10月创业板在深圳证券交易所开市并繁荣发展息息相关;(3)不同市场类型比较看,主板市场(包括上证主板和深圳主板)仍是中国股票市场的主体,虽然在短短8年间,创业板上市公司数量增加了10余倍,但总体上,创业板上市公司数量仍然无法与主板和中小板上市公司相提并论,以2016年为例,创业板上市公司数量为570家,而主板和中小板上市公司数量为2462家,创业板上市公司数量不足后者的20%。

表3-3　　不同年度上市公司数量分布表

年份	上证主板	深证主板	深证中小板	深证创业板	合计
2007	849	475	202	N.A	1526
2008	854	475	273	N.A	1602
2009	857	473	327	36	1693
2010	883	473	531	153	2040
2011	918	472	646	281	2317
2012	944	470	701	355	2470
2013	944	468	701	355	2468
2014	986	467	732	406	2591
2015	1073	467	776	492	2808
2016	1174	466	822	570	3032
合计	9482	4706	5711	2648	22547

(二)不同行业上市公司的数量分布

表3-4列示了上市公司样本在不同行业[①]的分布情况,数据显示:(1)从不同门类看,"制造业"公司样本最多,共有14155家(比例高达62.78%)。这与我国"制造大国"的基本国情相符合。其次是"批发和零售业"与"房地产业",分别为

---

① 行业分类以中国证监会2012年发布的《上市公司行业分类指引》(2012年修订版)为依据,共分为19门类。

1292家和117家。值得注意的是，属于"信息传输、软件和信息技术服务业"行业的上市公司也有1146家，说明中国信息技术等高科技产业发展迅速，相信这其中国政府的大力扶持起到了重要作用。数量较少的行业有"教育（7家）"、"卫生和社会工作（30家）"和"居民服务、修理和其他服务业（41家）"，经过30年资本市场的发展，这些行业也不足百家，而"住宿和餐饮业"和"水利环境和公共设施管理业"行业上市公司数量也偏少，不足200家；（2）从不同上市板块看，不同行业上市公司有所侧重，以"信息传输、软件和信息技术服务业"行业为例，约39.7%的该行业公司在创业板上市，约34.73%的该行业公司在主板上市，约25.57%的该行业上市公司在中小板上市。另一角度，该行业上市公司数量在创业板中排名高居第二，比例高达16.77%。而在上证主板、深证主板和深证中小板中，该行业公司样本数仅分别占总样本数的2.91%、2.36%和5.13%，排名也不算靠前。这说明创业板为成立时间较短、规模较小但成长性较高的公司提供了较为便利的融资机会，较符合中国开立创业板市场的初衷。

表3-4　　　　不同行业上市公司样本分布

行业代码	行业名称	上证主板	深证主板	深证中小板	深证创业板	合计
A	农、林、牧、渔业	172	73	105	43	393
B	采矿业	357	125	51	25	558
C	制造业	5090	2647	4544	1874	14155
D	电力、热力、燃气及水生产和供应业	464	254	32	7	757
E	建筑业	276	63	176	34	549
F	批发和零售业	765	345	158	24	1292
G	交通运输、仓储和邮政业	546	141	57	19	763

续表

行业代码	行业名称	上证主板	深证主板	深证中小板	深证创业板	合计
H	住宿和餐饮业	27	64	18	N.A	109
I	信息传输、软件和信息技术服务业	287	111	293	455	1146
J	金融业	299	78	27	N.A	404
K	房地产业	628	473	74	N.A	1175
L	租赁和商务服务业	88	66	61	21	236
M	科学研究和技术服务业	30	N.A	39	51	120
N	水利环境和公共设施管理业	64	63	36	29	192
O	居民服务、修理和其他服务业	16	8	14	3	41
P	教育	6	1	N.A	N.A	7
Q	卫生和社会工作	10	1	2	17	30
R	文化、体育和娱乐业	92	46	18	46	202
S	综合	265	147	6	N.A	418
	合计	9482	4706	5711	2648	22547

二、不同年度客户信息披露的描述性分析

对于不同市场的上市公司，中国证监会对其年度报告的披露要求不同：《公开发行证券的公司信息披露内容与格式准则第2号——年度报告的内容与格式》主要适用于主板和中小板上市公司，《公开发行证券的公司信息披露内容与格式准则第30号——创业板上市公司年度报告的内容与格式》主要适用于创业板上市公司，为此，本小节主要区分"主板和中小板"以及"创业板"两类上市公司进行统计。值得注意的是，除了金融行业外，由于同时在A股和B股交叉上市的公司在信息披露方面

需满足不同的要求，而被中国证监会 ST 或 PT 等特殊处理的上市公司也可能存在严重信息操作问题，故而，在此部分对客户信息披露现状进行描述以及在后续实证研究部分，笔者对 2007 年到 2016 年中国 A 股上市公司均进行以下初步筛选：首先，剔除属于金融行业的 404 个上市公司样本；然后，剔除同时在 B 股或 H 股交叉上市的 1473 个样本（其中，有 847 个样本公司同时在 A 股和 B 股上市，597 个样本公司同时在 A 股和 H 股上市，29 个样本公司同时在境外上市）；最后，剔除被中国证监会 ST 或 PT 等处理的 1036 个样本，得到 19634 个初始研究样本。

通过上一小节的整理，可以发现，我国证监会强制要求上市公司在其年度报告中披露其前五名客户销售占比合计数，鼓励披露其前五名客户的具体名称和销售金额。通过手工整理 2007 年到 2016 年中国 A 股上市公司的年度报告，可以发现，中国上市公司在年度报告中的客户信息披露主要有以下三种方式：(1) 未披露前五名客户销售占比合计数；(2) 只披露前五名客户销售占比的合计数；(3) 既披露前五名客户销售占比的合计数，又披露前五名客户的具体名称、销售金额或销售占比等信息。具体而言，第三种情况又可以进一步细分为披露前五名客户的销售金额或销售占比但不披露客户的具体名称、披露前五名客户的具体名称但不披露前五名客户的销售金额或销售占比以及披露前五名客户的具体名称也披露前五名客户的销售金额或销售占比三种。这为我们横向（客户销售占比、客户集中度、是否存在大客户等）刻画企业与客户之间的关系提供了丰富的原始素材。

在上述三种披露方式中，第一种方式不符合准则要求[①]；第

[①] 部分企业不披露是由于前五名客户较为分散，无法统计，例如，身处零售业的部分公司。

二种方式符合准则强制性信息披露要求；第三种方式既符合强制性信息披露要求又包含自愿性信息披露。值得注意的是，以第三种方式披露客户信息的公司往往也会披露其前五名客户销售占比的合计数，即会进行自愿性信息披露的企业往往也满足客户信息的强制性披露要求。笔者分别按照自愿性信息披露和强制性信息披露口径统计19634个初始研究样本的客户信息披露状况，进一步地，为了刻画客户关系中的横向指标（客户销售占比、客户集中度、是否存在大客户等），需要用到前五大客户的销售金额或销售占比数据，笔者将它称之为第1类自愿性信息披露情况；为了刻画客户关系中的纵向指标（客户稳定性等），需要用到前五大客户的具体名称，笔者将它称之为第2类自愿性信息披露情况。

  为了使读者清楚每一行业每一年度的具体披露情况，笔者仍然按照不同行业和不同年份分别对中国上市公司的客户信息披露状况进行统计。具体来说，笔者主要统计了以下三种信息披露的情况：（1）上市公司强制性客户信息披露情况，即在年度报告中披露公司前五名客户的销售占比合计数（或销售金额合计数）的数量（披露数量）及占总体上市公司数量的比例（披露比例）。若公司披露情况符合第二或第三种方式，则认为其披露了相关强制性客户信息，若公司披露情况为第一种方式，则认为其没有披露相关强制性客户信息。详见表3-5和表3-8；（2）上市公司第1类自愿性信息披露情况，即在年度报告中披露公司前五名客户中单一客户的销售金额或销售占比。若公司披露情况符合上述第三种方式且披露了客户销售金额或销售占比，则认为其自愿披露了第1类自愿性信息；若公司披露情况符合上述第一种或第二种方式，则认为其没有自愿披露相关客户信息。详见表3-6和表3-9；（3）上市公司第2类自愿性客户信息披露情况，即在年度报告中披露公司前五名客户中一个或多个客户的具体名称。若公司披露情况符合上述第三种方式且披露了客户的具体名称,则认为其自愿披露了第 2 类自愿性信息,否则,认为其没有自愿披露第 2 类自愿性信息。详见表 3 - 7 和表 3 - 10。

表 3 - 5　　不同年度上市公司强制性客户信息披露情况

年份	主板和中小板			创业板			合计		
	公司数量	披露数量	披露比例	公司数量	披露数量	披露比例	公司数量	披露数量	披露比例
2007	1212	1116	92.08%	N.A	N.A	N.A	1212	1116	92.08%
2008	1298	1177	90.68%	N.A	N.A	N.A	1298	1177	90.68%
2009	1349	1273	94.37%	36	34	94.44%	1385	1307	94.37%
2010	1553	1458	93.88%	153	152	99.35%	1706	1610	94.37%
2011	1711	1609	94.04%	281	278	98.93%	1992	1887	94.73%
2012	1822	1769	97.09%	355	354	99.72%	2177	2123	97.52%
2013	1866	1820	97.53%	355	354	99.72%	2221	2174	97.88%
2014	1943	1847	95.06%	406	405	99.75%	2349	2252	95.87%
2015	2057	1593	77.44%	492	491	99.80%	2549	2084	81.76%
2016	2175	2103	96.69%	570	570	100.00%	2745	2673	97.38%
合计	16986	15765	92.81%	2648	2638	99.62%	19634	18403	93.73%

(一) 不同年度上市公司强制性客户信息披露情况

表 3 - 5 列示了不同年度上市公司强制性客户信息披露情况:(1) 平均来看,中国上市公司对强制性客户信息披露较为理想。约 93.73% 的公司会在其年度报告中披露其前五大客户销售占比合计数。其中,创业板上市公司对该信息的披露比例高达99.62%;(2) 从时间序列上看,上市公司对于强制性客户信息披露的比例逐年增加。最后一列合计数显示,公司披露前五大客户销售占比合计数的比例从 2007 年的 92.08% 上升到 2016 年的

93.73%，基本呈现稳步上升的趋势，但2015年披露比例下滑至81.76%，可能跟整个宏观股市行情较差有关。前几列不同市场数据显示，无论是主板和中小板公司还是创业板公司，披露比例基本为直线上升（主板和中小板上市公司在2014年略微下降，2015年显著下降，2016年恢复正常）。值得注意的是，2009年和2012年的披露比例相对于前一年均有较大幅度显著提升。以最后一列合计数为例，2008年的披露比例为90.68%，2009年披露比例为94.37%，增幅达4.07%；2011年的披露比例为94.73%，2012年的披露比例为97.52%，增幅达2.95%。这说明2009年和2012年准则对客户信息的强化要求得到了较好的实践；（3）从不同市场类型比较，创业板公司客户信息披露情况较主板上市公司更为理想，从2009年到2016年，披露比例均在95%以上，2016年更是达到100%。即便是在主板和中小板披露比例下滑至77.44%的2015年，创业板的披露比例仍然维持在99.8%。这可能与中国证监会对在深圳证券交易所上市的创业板公司信息披露要求更为严格有关，也可能与投资者对创业板公司更高的信息透明度要求有关。由于创业板市场的进入门槛较低，在该市场上市的大多是从事高科技业务、成立时间较短且规模较小的公司，投资者的风险相对较大，因而可能会要求更高的信息透明度。而这类公司为了获得更多更好的融资机会，也更可能披露完善的信息。

（二）不同年度上市公司第1类自愿性客户信息披露情况

表3-6列示了不同年度上市公司第1类自愿性客户信息披露情况：（1）平均来看，69.02%的公司在年度报告中披露其前五大客户中单一客户的销售金额或销售占比。这说明，自愿披露客户的相关信息可能会给企业带来部分收益；（2）从时间序列上看，上市公司对于自愿性客户信息披露的比例曲线上升，2013年

达到最大值,2014 年下降后,2015 年和 2016 年基本维持在 70.10% 左右。最后一列合计数显示,公司披露前五大客户中单一客户销售金额的比例从 2007 年的 8.25% 到 2014 年的 91.27%,增涨幅度超过 10 倍。前几列不同市场数据显示,无论是主板和中小板公司还是创业板公司,披露比例基本呈现上升态势(除 2014 年相对下降以外);(3)从不同市场类型比较来看,2014 年以前创业板公司对强制性客户信息披露的比例远高于主板和中小板公司,但在 2014 年突然发生大幅下滑。这可能跟 2012 年准则的相关要求降低有关,如不再要求创业板公司披露前五名客户的应收账款余额和其占公司应收账款总余额的比重。这说明,中国证监会发布的相关准则对上市公司的信息披露行为存在重要影响。

表 3-6　不同年度上市公司第 1 类自愿性客户信息披露情况

年份	主板和中小板			创业板			合计		
	公司数量	披露数量	披露比例	公司数量	披露数量	披露比例	公司数量	披露数量	披露比例
2007	1212	100	8.25%	N.A	N.A	N.A	1212	100	8.25%
2008	1298	232	17.87%	N.A	N.A	N.A	1298	232	17.87%
2009	1349	985	73.02%	36	24	66.67%	1385	1009	72.85%
2010	1553	1232	79.33%	153	131	85.62%	1706	1363	79.89%
2011	1711	1409	82.35%	281	250	88.97%	1992	1659	83.28%
2012	1822	1642	90.12%	355	331	93.24%	2177	1973	90.63%
2013	1866	1695	90.84%	355	332	93.52%	2221	2027	91.27%
2014	1943	1378	70.92%	406	48	11.82%	2349	1426	60.71%
2015	2057	1331	64.71%	492	478	97.15%	2549	1809	70.97%
2016	2175	1392	64.00%	570	562	98.60%	2745	1954	71.18%
合计	16986	11396	67.09%	2648	2156	81.42%	19634	13552	69.02%

(三) 不同年度上市公司第 2 类自愿性客户信息披露情况

表 3-7 列示了不同年度上市公司第 2 类自愿性客户信息披露情况：(1) 平均来看，只有 36.33% 的公司在年度报告中披露其前五大客户中单一客户的具体名称。其中，创业板上市公司的披露比例较高，约为 43.20%，这说明，披露客户的名称信息可能存在较高的成本，例如客户具体名称的披露可能增加竞争对手抢夺优质客户的风险；(2) 作为自愿性最强的一种客户信息，基本披露规律与第 1 类自愿性信息，即前五大客户中单一客户的销售金额或销售占比的客户信息披露的规律类似。例如，披露比例曲线上升并在 2012 年和 2013 年达到最高值、创业板公司比主板和中小板公司的披露比例更高等，在此不再赘述。

表 3-7 不同年度上市公司第 2 类自愿性客户信息披露情况

年份	主板和中小板			创业板			合计		
	公司数量	披露数量	披露比例	公司数量	披露数量	披露比例	公司数量	披露数量	披露比例
2007	1212	99	8.17%	N.A	N.A	N.A	1212	99	8.17%
2008	1298	187	14.41%	N.A	N.A	N.A	1298	187	14.41%
2009	1349	745	55.23%	36	23	63.89%	1385	768	55.45%
2010	1553	869	55.96%	153	113	73.86%	1706	982	57.56%
2011	1711	931	54.41%	281	207	73.67%	1992	1138	57.13%
2012	1822	905	49.67%	355	258	72.68%	2177	1163	53.42%
2013	1866	827	44.32%	355	227	63.94%	2221	1054	47.46%
2014	1943	554	28.51%	406	40	9.85%	2349	594	25.29%
2015	2057	446	21.68%	492	152	30.89%	2549	598	23.46%
2016	2175	426	19.59%	570	124	21.75%	2745	550	20.04%
合计	16986	5989	35.26%	2648	1144	43.20%	19634	7133	36.33%

总结以上表格，可以发现：（1）中国上市公司的强制性客户信息披露比例很高（约为93.73%），而客户销售金额或销售占比这一类自愿性信息的披露比例也较高（约69.02%），但对于客户名称这一专有性很强的自愿性信息的披露比例较低（约36.33%），这说明客户信息的披露对公司而言，既存在较高的收益也存在较高的成本，而选择以何种方式披露企业的客户信息，是企业成本与收益权衡后的结果；（2）不同市场的上市公司信息披露情况存在较大差异，创业板上市公司的披露比例普遍高于主板和中小板上市公司，这与中国证监会准则的不同要求是分不开的，在进行相关研究时，需要考虑这一制度背景，对于公司的上市市场应予以足够关注或控制；（3）在不同时间，上市公司的披露比例存在较大差异，基本呈现逐年上升的趋势。

三、不同行业客户信息披露的描述性分析

此部分，笔者主要按照不同行业对以下三种信息披露情况进行统计：第一，上市公司强制性信息披露情况，即在年度报告中披露前五名客户销售占比合计数的公司数量及其占公司总数的比例；第二，上市公司第1类自愿性客户信息披露情况，即在年度报告中披露前五名客户销售金额或销售占比的公司数量及其占公司总数的比例；第三，上市公司第2类自愿性客户信息披露情况，即在年度报告中披露前五名客户具体名称的公司数量及其占公司总数的比例。由于在上一小节中已经详细阐述了各类信息披露的平均情况，在以下对表格的描述中将重点关注不同行业之间的差异。

（一）不同行业上市公司强制性客户信息披露情况

表3-8列示了不同行业各上市公司强制性客户信息披露情况：（1）纵向比较，"居民服务、修理和其他服务业""制造业""信息传输、软件和信息技术服务业"以及"科学研究和技

术服务业"等行业的上市公司对强制性客户信息的披露最为理想[1],超过95%的公司在其年度报告中披露其前五大客户销售金额或销售占比合计数。其次是"建筑业""文化、体育和娱乐业""综合"以及"电力、热力、燃气及水生产和供应业"等行业,披露比例也在90%以上。"卫生和社会工作""教育""交通运输、仓储和邮政业"以及"批发和零售业以及租赁"等行业的披露比例相对较小,均在70%左右,甚至更低,其可能的原因是这类行业客户较为分散,无法统计[2]。未列示的信息显示,披露比例最少的为"金融业",在10%以下,这可能与金融行业适用的会计准则和客户特征不同于其他行业有关,故而,笔者在研究时将金融行业数据样本排除在外;(2)横向比较,创业板上市公司对该客户信息的披露比例高达99.62%,远高于主板和中小板公司的披露比例。这可能与中国证监会对在深圳证券交易所上市的创业板公司信息披露要求更为严格有关。

表3-8 不同行业上市公司强制性客户信息披露情况

行业代码	主板和中小板			创业板			合计		
	公司数量	披露数量	披露比例	公司数量	披露数量	披露比例	公司数量	披露数量	披露比例
A	311	292	93.89%	43	43	100.00%	354	292	82.49%
B	438	410	93.61%	25	25	100.00%	463	410	88.55%
C	10756	10449	97.15%	1874	1872	99.89%	12630	12321	97.55%
D	661	602	91.07%	7	7	100.00%	668	609	91.17%

---

① 其中,占上市公司数量超半数的制造业公司的披露比例高达97.55%,这可能也是部分文献重点研究制造业客户销售占比对企业影响的原因之一。

② 当因公司的客户较为分散,无法统计时,往往会在公司年度报告中予以说明。

续表

行业代码	主板和中小板			创业板			合计		
	公司数量	披露数量	披露比例	公司数量	披露数量	披露比例	公司数量	披露数量	披露比例
E	472	443	93.86%	34	34	100.00%	506	477	94.27%
F	1151	826	71.76%	24	24	100.00%	1175	850	72.34%
G	547	382	69.84%	19	19	100.00%	566	401	70.85%
H	82	63	76.83%	N.A	N.A	N.A	82	63	76.83%
I	611	574	93.94%	455	454	99.78%	1066	1028	96.44%
K	1023	911	89.05%	N.A	N.A	N.A	1023	911	89.05%
L	187	149	79.68%	21	21	100.00%	208	170	81.73%
M	66	61	92.42%	51	51	100.00%	117	112	95.73%
N	133	109	81.95%	29	29	100.00%	162	138	85.19%
O	38	38	100.00%	3	3	100.00%	41	41	100.00%
P	7	5	71.43%	N.A	N.A	N.A	7	5	71.43%
Q	13	4	30.77%	17	10	58.82%	30	14	46.67%
R	149	136	91.28%	46	46	100.00%	195	182	93.33%
S	341	311	91.20%	N.A	N.A	N.A	341	311	91.20%
合计	16986	15765	92.81%	2648	2638	99.62%	19634	18403	93.73%

（二）不同行业上市公司第 1 类自愿性客户信息披露情况

表 3-9 列示了不同行业上市公司第 1 类自愿性客户信息，即披露前五大客户中单一客户的销售金额或销售占比的分布情况：（1）纵向比较，"信息传输、软件和信息技术服务业""建筑业""制造业"以及"科学研究和技术服务业"等行业的上市公司的披露最高，超过 70% 的公司在年度报告中披露其前五大客户中单一客户的销售金额或销售比例。其次是"采矿

业""电力、热力、燃气及水生产和供应业""文化、体育和娱乐业"以及"房地产"等行业,披露比例也在60%以上。"卫生和社会工作""教育"以及"交通运输、仓储和邮政业"行业披露比例相对较小,都在45%以下。未列示的数据显示,"金融业"的披露比例仍然最低,不到5%;(2)横向比较,创业板上市公司的披露比例为81.42%,主板和中小板公司的披露比例为67.09%,即创业板上市公司的披露状况优于主板和中小板上市公司。

表3-9 不同行业上市公司第1类自愿性客户信息披露情况

行业代码	主板和中小板			创业板			合计		
	公司数量	披露数量	披露比例	公司数量	披露数量	披露比例	公司数量	披露数量	披露比例
A	311	199	63.99%	43	36	83.72%	354	199	56.21%
B	438	321	73.29%	25	18	72.00%	463	321	69.33%
C	10756	7703	71.62%	1874	1535	81.91%	12630	9238	73.14%
D	661	433	65.51%	7	6	85.71%	668	439	65.72%
E	472	346	73.31%	34	30	88.24%	506	376	74.31%
F	1151	555	48.22%	24	20	83.33%	1175	575	48.94%
G	547	238	43.51%	19	16	84.21%	566	254	44.88%
H	82	41	50.00%	N.A	N.A	N.A	82	41	50.00%
I	611	414	67.76%	455	376	82.64%	1066	790	74.11%
K	1023	632	61.78%	N.A	N.A	N.A	1023	632	61.78%
L	187	97	51.87%	21	13	61.90%	208	110	52.88%
M	66	38	57.58%	51	45	88.24%	117	83	70.94%
N	133	72	54.14%	29	22	75.86%	162	94	58.02%
O	38	16	42.11%	3	2	66.67%	41	18	43.90%

续表

行业代码	主板和中小板			创业板			合计		
	公司数量	披露数量	披露比例	公司数量	披露数量	披露比例	公司数量	披露数量	披露比例
P	7	3	42.86%	N.A	N.A	N.A	7	3	42.86%
Q	13	4	30.77%	17	8	47.06%	30	12	40.00%
R	149	92	61.74%	46	29	63.04%	195	121	62.05%
S	341	192	56.30%	N.A	N.A	N.A	341	192	56.30%
合计	16986	11396	67.09%	2648	2156	81.42%	19634	13552	69.02%

(三) 不同行业上市公司第 2 类自愿性客户信息披露情况

表 3-10 列示了不同行业上市公司第 2 类自愿性客户信息，即披露前五大客户中单一客户的具体名称的分布情况：(1) 纵向比较，"科学研究和技术服务业""采矿业"、"电力、热力、燃气及水生产和供应业"以及"水利环境和公共设施管理业"等行业的上市公司的披露最高，超过 45% 的公司在年度报告中披露其前五大客户的具体客户名称。其次是"建筑业""信息传输、软件和信息技术服务业"以及"综合"等行业，披露比例也在 40% 以上。"教育"为 0，"居民服务、修理和其他服务业"以及"卫生和社会工作"行业披露比例相对较小，都在 20% 以下；(2) 横向比较，创业板上市公司的披露比例为 43.20%，仍然高于主板和中小板公司 35.26% 的披露比例。由此可以发现，愿意披露客户名称信息的主要是准入门槛较高行业（如"科学研究和技术服务业"）或资源优势行业（如"采矿业""电力、热力、燃气及睡生产和供应业"等），无论是哪种类型，这类企业有一个共同特点，即披露客户名称后，不担心会被竞争对手撬走，相反，他们的客户往往是国企或知名企业，披露客户名称反而能传递出企业优势资源的信号。未披露客户名称信息的企业则

集中在"教育""卫生和社会工作"以及"居民服务、修理和其他服务业",主要原因在于这类企业的客户一般较为分散或涉及客户隐私不便披露。

表3-10 不同行业上市公司第2类自愿性客户信息披露情况

行业代码	主板和中小板			创业板			合计		
	公司数量	披露数量	披露比例	公司数量	披露数量	披露比例	公司数量	披露数量	披露比例
A	311	91	29.26%	43	24	55.81%	354	91	25.71%
B	438	229	52.28%	25	10	40.00%	463	229	49.46%
C	10756	3640	33.84%	1874	748	39.91%	12630	4388	34.74%
D	661	413	62.48%	7	3	42.86%	668	416	62.28%
E	472	197	41.74%	34	20	58.82%	506	217	42.89%
F	1151	284	24.67%	24	17	70.83%	1175	301	25.62%
G	547	175	31.99%	19	9	47.37%	566	184	32.51%
H	82	31	37.80%	N.A	N.A	N.A	82	31	37.80%
I	611	215	35.19%	455	230	50.55%	1066	445	41.74%
K	1023	384	37.54%	N.A	N.A	N.A	1023	384	37.54%
L	187	43	22.99%	21	3	14.29%	208	46	22.12%
M	66	26	39.39%	51	34	66.67%	117	60	51.28%
N	133	60	45.11%	29	17	58.62%	162	77	47.53%
O	38	5	13.16%	3	2	66.67%	41	7	17.07%
P	7	0	0.00%	N.A	N.A	N.A	7	0	0.00%
Q	13	1	7.69%	17	4	23.53%	30	5	16.67%
R	149	51	34.23%	46	23	50.00%	195	74	37.95%
S	341	144	42.23%	N.A	N.A	N.A	341	144	42.23%
合计	16986	5989	35.26%	2648	1144	43.20%	19634	7133	36.33%

总结以上表格,可以发现:(1)不同行业间公司披露情况存在较大差异,以强制性客户信息披露为例,"教育"行业公司全部披露该信息,而"金融业"公司披露比例不到10%,这意味着在进行相关研究时,需要对行业之间的差异予以足够重视;(2)前五大客户销售占比合计数虽然被强制要求进行披露,但仍然有很多行业披露状况不甚理想。除了个别行业如"批发与零售业"可能无主要客户而无法统计外,其他行业也存在未披露的情况,这说明客户信息披露仍需要进一步加强监管;(3)强制性客户信息披露与自愿性客户信息披露并非同涨同跌,即强制性客户信息披露执行较好的公司未必更愿意披露客户的销售金额或具体名称,反之亦然。例如"教育"行业公司全部披露前五名客户的销售占比合计数,但无一披露其前五名客户的具体名称,这可能与"教育"行业的客户隐私需要保护有关;"电力、热力、燃气及水生产和供应业"强制性客户信息披露比例仅为91.17%(在所有行业中排名第八位),但其第1类自愿性客户信息和第2类自愿性客户信息却都在60%以上,尤其是第2类自愿性客户信息在所有行业中排名高居第一位。这说明自愿性信息披露和强制性信息披露对企业收益与成本的影响存在差异。因而,在进行相关研究时,有必要对两者进行分开或对比研究。

第三节 客户信息披露的影响因素分析

通过对强制性和自愿性两大类客户信息披露的描述性统计,可以看到处于不同年份、不同行业的公司对客户信息的披露存在显著差异。通过对披露了客户信息的样本进行分析,不难发现,不同公司之间的前五大客户的销售占比也存在较大差异。那么除了相关政策法规之外，还有什么因素会影响公司对相关客户信息的披露程度？笔者以大样本数据逐一分析强制性客户信息披露、第1类自愿性客户信息披露以及第2类自愿性客户信息披露这三种情况的影响因素。

一、强制性客户信息披露的影响因素分析

在经过初步筛选后的 19634 个"企业—年度"样本中，18403 个样本披露了强制性客户信息，即披露了前五大客户销售金额合计数或销售占比合计数，其中，披露了前五大客户销售金额合计数的样本为 18354 个，披露了前五大客户销售占比合计数的样本为 18375 个。只要披露了前五大客户销售金额合计数或销售占比合计数，都可以认为该公司符合强制性客户信息披露要求。

参照 Ellis et al.（2012）以及王雄元和喻长秋（2014）的做法设立客户信息是否披露 Probit 模型，以企业是否披露了前五大客户销售金额合计数或销售占比合计数为被解释变量，以研发支出 LnRD、无形资产 Intangible、广告费用 Advertising、企业规模 Lnsize、审计师规模 Big4、行业竞争 HHI、销售增长率 SG、股权性质 Soe、资产负债率 Leverage 等为主要解释变量，进行 OLS 回归。同时为了控制披露准则变化的可能影响，笔者还控制了 ShenzhenSE（是否为深圳证券交易所上市公司）、ShenzhenSE_GEM（是否为创业板上市公司）、Year2009（是否 2009 年及以后）和 Year2012（是否 2013 年及以后）四个变量。除了前五大客户销售占比合计数为手工整理外，其他指标均来自于 CSMAR 数据库。

在原始 19634 个样本基础上，剔除销售增长率等控制变量缺失的样本后,总共参与回归样本为 18315 个,为了消除极端值的影响,笔者对所有连续变量按 1% 进行了 Winsorize 处理。表 3-11 的回归结果显示:(1)从宏观层面看,ShenzhenSE 的系数显著为正,ShenzhenSE_GEM 的系数显著为正,说明深圳证券交易所上市公司的客户信息披露优于上海证券交易所上市公司,而深圳创业板上市公司优于主板和中小板公司。此外,Year2009 和 Year2012 为正,这说明 2009 年和 2012 年变化后客户信息披露比例上升。虽然 2009 年和 2012 年中国证监会对前五大客户销售占比合计的披露要求并没有发生改变,但新增了其他客户信息的要求,对企业客户信息的披露也有一定影响,这些结论说明中国证监会强制性披露要求是公司决定是否披露客户信息的重要影响因素。(2)从公司层面看,企业规模 Lnsize 越大、销售增长率 SG 越大,被四大审计师事务所审计 Big4,上市公司越可能遵循准则要求,披露前五大客户销售占比合计数,而当上市公司的负债率 Leverage 较高、无形资产 Intangible 较多时,上市公司可能倾向于减少披露客户信息。

表 3-11   强制性客户信息披露的影响因素分析

Varible		是否披露前五大客户销售占比合计数 Prob (Disclosure1)	
		回归系数	T 值
研发支出	LnRD	0.0106 ***	(3.42)
无形资产	Intangible	-1.5936 ***	(-5.35)
广告费用	Advertising	-1.6215	(-0.80)
企业规模	Lnsize	0.0792 ***	(4.14)
审计师规模	Big4	0.1883 *	(1.91)
行业竞争	HHI	-0.4281	(-0.74)

续表

Varible		是否披露前五大客户销售占比合计数 Prob（Disclosure1）	
		回归系数	T 值
销售增长率	SG	0.0787**	(2.22)
股权性质	Soe	0.0347	(0.84)
资产负债率	Leverage	-0.4505***	(-4.18)
是否深证股票	ShenzhenSE	0.8055***	(19.14)
是否创业板股票	ShenzhenSE_GEM	1.2218***	(5.60)
2009 年度哑变量	Year2009	0.0473	(0.55)
2012 年度哑变量	Year2012	0.2845***	(3.12)
Industry		YES	
Year		YES	
Constants		-1.5005***	(-3.36)
Observations		18315	
pseudo R^2		0.333	
chi^2		2893.5	

注：*、**、*** 分别表示 10%、5% 以及 1% 水平上显著。

二、第 1 类自愿性客户信息披露的影响因素分析

在经过初步筛选后的 19634 个"企业—年度"样本中，13552 个样本披露了第 1 类自愿性信息，即自愿披露了前五大客户的销售金额或销售占比，其中，披露了前五大客户的销售金额的样本为 13546 个，自愿披露了前五大客户的销售占比的样本为 13506 个。只要披露了前五大客户的销售金额或销售占比，都可

以认为该公司符合第 1 类自愿性客户信息披露要求。

基本模型和样本筛选与强制性客户信息披露的影响因素分析一致，不同的是，此处笔者以企业是否披露了前五大客户的具体信息①为被解释变量，表 3-12 的回归结果显示：(1) 从宏观层面看，ShenzhenSE 的系数显著为正，而 ShenzhenSE_GEM 的系数显著为负，这说明在自愿披露第一大客户销售占比方面，深圳证券交易所上市公司的披露优于上海证券交易所上市公司，而主板和中小板优于创业板上市公司，与表 3-6 中基本情况一致，这主要是由于 2014 年创业板上市公司中仅 48 家（11.82% 的比例）披露前五大客户的销售占比或销售金额。Year2009 和 Year2012 均显著为正，这说明 2009 年和 2012 年变化后客户信息披露明显上升，这符合准则对披露要求的变化。中国证监会从 2009 年开始要求创业板上市公司披露销售比例超过 30% 的单一客户的具体情况，2012 年开始鼓励主板和中小板上市公司披露前五大客户的销售金额和销售占比。这些结论进一步说明中国证监会对客户信息的披露要求是公司决定如何披露客户信息的重要参考依据。(2) 从公司层面看，企业规模、销售增长率指标不再显著，这说明经营较好的大企业不一定愿意披露更详细的客户信息，披露得越多，越容易被竞争对手模仿和超越；股权性质指标显著为负，意味着国企不愿意披露更多信息；被四大审计师事务所审计的上市公司更可能披露详细信息，符合审计类相关文献的实证结论，即被四大审计师事务所审计的上市公司更可能披露自愿性信息。

---

① 回归中以企业是否披露第一大客户的销售占比为被解释变量，若以前五大客户的销售占比是否都披露或是否披露其中任意一个，回归结果均无实质性变化。

表 3-12 第 1 类自愿性客户信息披露的影响因素分析

Varible		是否披露第一大客户销售占比 Prob（Disclosure2）	
		回归系数	T 值
研发支出	LnRD	-0.0020	(-1.06)
无形资产	Intangible	-0.6779***	(-2.95)
广告费用	Advertising	-1.1651	(-1.11)
企业规模	Lnsize	0.0146	(1.15)
审计师规模	Big4	0.1375**	(2.07)
行业竞争	HHI	-0.5696	(-1.60)
销售增长率	SG	0.0118	(0.51)
股权性质	Soe	-0.1705***	(-6.41)
资产负债率	Leverage	0.0068	(0.10)
是否深证股票	ShenzhenSE	1.0010***	(38.15)
是否创业板股票	ShenzhenSE_GEM	-0.4833***	(-11.56)
2009 年度哑变量	Year2009	2.4270***	(0.55)
2012 年度哑变量	Year2012	0.2845***	(3.12)
Industry		YES	
Year		YES	
Constants		-2.1273***	(-7.70)
Observations		18315	
pseudo R^2		0.319	
chi^2		7273.0	

注：*、**、*** 分别表示 10%、5% 以及 1% 水平上显著。

三、第 2 类自愿性客户信息披露的影响因素分析

在经过初步筛选后的 19634 个"企业—年度"样本中，

7133个样本披露了第2类自愿性信息,即自愿披露了前五大客户的具体名称。基本模型和样本筛选与强制性客户信息披露的影响因素分析一致,不同的是,此处笔者以企业是否披露了前五大客户的具体名称[①]为被解释变量。

表3-13的回归结果显示:(1) 从宏观层面看,ShenzhenSE的系数显著为正,而ShenzhenSE_GEM的系数显著为负,这说明在自愿披露第一大客户的具体名称方面,深圳证券交易所上市公司的披露优于上海证券交易所上市公司,而创业板上市公司优于主板和中小板上市公司,意味着处于成长期的创业板上市公司更愿意披露客户名称来传递其自身较好的信号。此外,Year2009显著为正,Year2012显著为负,这说明2012年部分公司在证监会鼓励其披露客户信息后反而不愿意披露客户名称,可能担心市场参与者对客户信息关注的增加会带来潜在的竞争压力。这说明上市公司是否披露客户具体名称跟企业披露的成本和收益密切相关。(2) 从公司层面看,研发支出LnRD显著为负,事实上,通过研究开发向客户进行专业化投资是维系客户关系的重要手段之一,当企业的专业化成本较高时,披露客户信息而导致企业处于不利竞争地位(Arya and Mittendorf,2005)的损失更大,因而,企业披露客户具体名称的概率降低;广告费用Advertising显著为负,公司的广告费用较多时,往往意味着公司花费较高成本来吸引客户,沉没成本较高,进而披露客户信息的意愿较弱。股权性质Soe显著为正,说明国有上市公司披露客户名称信息的意愿更强,这可能与国有上市公司处于垄断或者强势地位有关,所谓

[①] 回归中以企业是否披露前五大客户中任一客户的具体名称为被解释变量,若以前五大客户的具体名称是否都披露或是否披露第一大客户的具体名称为被解释变量,回归结果均无实质性变化。

"物以类聚、人以群分",强势地位的国有上市公司往往面对的客户也较为优秀,披露其具体客户名称可为公司带来良性的信号传递效应,而因为其垄断或强势地位,也不担心因为客户信息的披露而被竞争对手抢走。

表3-13 第2类自愿性客户信息披露的影响因素分析

Varible		是否披露第一大客户具体名称 Prob(Disclosure3)	
		回归系数	T值
研发支出	LnRD	-0.0112***	(-6.65)
无形资产	Intangible	0.2362	(1.13)
广告费用	Advertising	-4.0042***	(-4.21)
企业规模	Lnsize	-0.0632***	(-5.50)
审计师规模	Big4	-0.0283	(-0.45)
行业竞争	HHI	0.5541*	(1.72)
销售增长率	SG	0.0050	(0.24)
股权性质	Soe	0.1473***	(6.13)
资产负债率	Leverage	0.3988***	(6.54)
是否深证股票	ShenzhenSE	0.2993***	(12.73)
是否创业板股票	ShenzhenSE_GEM	0.2124***	(6.07)
2009年度哑变量	Year2009	1.7073***	(26.20)
2012年度哑变量	Year2012	-0.8998***	(-20.00)
Industry		YES	
Year		YES	
Constants		-0.7498***	(-2.97)
Observations		18315	
pseudo R^2		0.137	
chi^2		3261.2	

注:*、**、***分别表示10%、5%以及1%水平上显著。

客户信息披露情况及其影响因素的分析有助于了解数据分布的有效性与不足。上述分析表明，制度性要求是公司披露前五大客户销售占比合计数的主要因素，但即使在强制性要求披露的情况下仍有部分公司未披露；另外，还有部分公司主动披露客户销售占比或具体名称。若以披露了客户销售占比或具体名称的样本为研究对象可能会存在选择性偏差问题。对此，笔者在后续实证章节将采用Heckman两阶段回归方法加以控制，客户信息披露影响因素的分析正是第一阶段回归，随后，笔者根据第一阶段回归结果计算每个样本的逆米尔比率（Inverse Mills Ratio，以下简称IMR），并将之带入原模型进行第二阶段回归（具体见第四章第三节稳健性检验中的Heckman两阶段回归的相关表格）。

第四节 客户关系的刻画指标分析

如何刻画企业与客户之间的关系是进行客户关系相关实证研究的基础，现有文献一般用客户集中度或是否存在大客户衡量客户的议价能力，用客户是否为国有企业、客户是否为政府、客户是否为事业单位等衡量客户的具体特征，相对单一。中国上市公司关于前五大客户相关信息的披露为客户关系的刻画提供了基础，虽然中国证监会只强制要求公司披露向前五名客户销售额合计占公司销售总额的比例，以及创业板大客户的具体名称、销售金额等信息。但约69.02%的上市公司自愿披露其前五大客户的具体名称或销售金额及占比信息，因此，可以计量出更加多元化的指标，如客户销售占比、客户稳定性等，能多维度研究客户关系。

此外，还可以利用企业披露的具体客户名称进一步获取客户公司的具体特征,本书通过将客户名称与上市公司的股票代码和公司名称进行匹配、通过"百度"网页搜索、通过该公司官方网站介绍等方式获得客户是否为上市公司。当客户为上市公司时,可以进一步获得客户的公司规模、成立年限、资产负债率、盈利能力、股价崩盘风险等详细信息,能更直接深入研究客户对企业的影响。

本书从客户关系表象特征和客户具体特征两个方面刻画企业与客户之间的关系。具体而言,客户关系表象特征方面,本书从横向客户关系指标(客户集中度)与纵向客户关系指标(客户稳定性)两个维度进行度量,这两个维度均直观反映了客户对企业的重要性以及客户关系的持久性。客户具体特征方面,本书从客户极端优质特征(较高盈利能力)和客户极端劣质特征(较高股价崩盘风险)两个维度进行度量,这两个维度可以间接反映企业与客户之间的关系。当客户盈利能力较强时,企业能与之建立或维持客户关系,可能建立在双方协调发展互利共赢的基础上,也可能建立在强势客户压榨企业的基础上,这两种可能均能间接反映企业与客户之间的关系。当客户面临较高的股价崩盘风险时,企业还能与之维持客户关系,说明两者之间存在严重的"一荣俱荣、一损俱损"的密切联系,当客户面临危机时,企业不仅不"落井下石",反而"雪中送炭",也能间接反映企业与客户之间的关系。

利用中国上市公司披露的丰富的前五大客户相关信息,本书从横向客户集中度、纵向客户稳定性、客户盈利能力、客户股价崩盘风险四个维度,全面系统地度量客户关系,并进一步加入客户是否为国有企业、客户自身的公司规模、成立年限、资产负债率等特征,以多角度、全方位、深入地分析客户如何影响企业的股价崩盘风险。

本章小结

通过对已有法律法规的梳理，本章回顾了中国证监会对上市公司客户信息披露的总体规定，并重点整理了第 2 号准则"年度报告的内容与格式"中对上市公司客户信息披露的具体要求。在此制度背景下，笔者逐一翻看 2007 年到 2016 年中国 A 股上市公司年报，区分年度和行业对公司客户信息披露现状进行描述性统计，并对客户信息披露的影响因素进行实证分析，最后，笔者还重点介绍了如何利用中国丰富的数据刻画企业与客户之间的关系。

通过不同年度和不同行业客户信息披露的分布情况，可以发现：（1）中国上市公司对前五大客户销售占比合计数的披露比例高达 93.73%，对前五大客户销售金额的披露比例约 69.02%，但对于客户名称这一专有性很强的信息披露比例仅 36.33% 左右，这说明公司对客户信息的披露行为既存在较高的收益也存在较高的成本。而中国证监会以"鼓励自愿披露"形式进行探索，无疑是一种明智的准则制定方式；（2）不同市场的上市公司信息披露情况存在较大差异，创业板上市公司的披露比例普遍高于主板和中小板上市公司，这与中国证监会准则的不同要求是分不开的，在进行相关研究时，需要考虑这一制度背景，对于公司的上市市场应予以足够的关注；（3）在不同时间，上市公司的披露比例存在较大差异，基本呈现逐年上升的趋势，在进行相关研究时，也需要对这一时间因素予以足够的重视。

对客户信息披露的影响因素分析说明制度性要求是公司披露客户销售总额信息的主要因素。同时，也能发现，同一因素对强制性客户信息、第 1 类自愿性客户信息（前五大客户销售占比或销售金额)、第 2 类自愿性客户信息 (前五大客户的具体名称) 等的影响是不完全相同的,这说明,企业是否披露客户信息,以何种程度披露客户信息是企业综合成本与收益后的结果。

总而言之,本章客户信息披露的制度背景以及描述性分析为以下章节的实证研究提供了制度背景铺垫,影响因素的分析则为后序章节中可能遇到的存在样本自选择问题和内生性问题提供坚实的实证基础。

第四章

客户集中度与企业股价崩盘风险

本章首先探讨客户是否对企业的股价崩盘风险有影响，即在不打开客户这一黑匣子的前提下，探究客户关系表象特征对企业是否有影响。具体而言，从客户集中度这一横向客户关系角度探讨客户对企业的影响。

一般认为，信息不对称和管理层隐藏坏消息的代理问题是导致股价崩盘的主要原因（Jin and Myers，2006；Hutton et al.，2009）。对应的，提高信息不对称和降低代理冲突的举措可有效降低股价崩盘风险，现有文献主要从公司内部因素展开研究，而对公司外部可能影响信息不对称和代理冲突的研究还不多。少量文献关注了公司外部行为人的影响，如债权人的监督（李小荣等，2012）、审计师行业专长的鉴定（江轩宇和伊志宏，2013；熊家财，2015）、分析师的关注（潘越等，2011）、媒体报道（罗进辉和杜兴强，2014）、投资者保护（王化成等，2014）和税收征管（江轩宇，

2013）等均有利于降低股价崩盘风险。客户作为企业重要的利益相关者之一，也能对企业股价崩盘风险产生影响。另一方面，鉴于股价崩盘的根本原因在于投资者与管理者之间存在代理冲突和信息不对称问题，而加强公司的信息披露显然有助于降低信息不对称（叶康涛等，2015）。客户对企业生产经营的诸多方面存在影响（陈峻等，2015），客户相关信息的披露可能对投资者理解公司信息具有重要价值，进而可能对企业未来股票价格，乃至股价崩盘风险产生重要影响。

考虑到中国证监会把非财务信息披露作为加强资本市场监管的重要举措①，研究客户集中度以及客户信息这一特定的非财务信息对股价崩盘风险是否具有降低效应具有较重要的现实意义。根据现行准则的规定，上市公司需在其年度报告中披露前五名客户销售占比的合计数，除此之外，公司也可自愿披露其前五名客户的具体名称和销售占比，即目前中国上市公司的客户名称等相关信息为自愿披露②。那么，客户集中度等明细信息的披露到底是成本大于收益还是收益大于成本？中国证监会等相关监管机构是否需要强制上市公司披露这些信息？本章从股价崩盘风险这一角度，研究客户信息披露对投资者的影响，对相关政策的制定也具有一定的借鉴意义。

本章利用 2007 年到 2016 年中国 A 股上市公司数据为研究样

---

① 例如，中国证监会于 2012 年 9 月 9 日发布的《公开发行证券的公司信息披露内容与格式准则第 2 号——年度报告的内容与格式》（2012 年修订版）相对上一版本（2007 年修订版）而言，强化和增加了部分非财务信息的披露，包括加大了公司管理层就报告期公司经营活动状况的分析、强化了供应商和客户信息的披露、强化了独立董事履职情况的说明、突出了内部控制信息的披露、增加了市场关注焦点的披露。

② 2007 年到 2016 年间，约 69.02% 的上市公司自愿披露其客户名称或销售占比等明细信息。

本，以前五大客户销售占比合计数、前五大客户销售占比赫芬达尔指数以及第一大客户销售占比作为客户集中度的衡量指标，以是否披露第 1 类自愿性信息以及是否披露第 2 类自愿性信息作为客户信息披露的衡量指标①，分析客户信息披露对企业股价崩盘风险的影响。具体而言，本章节研究如下四个问题：第一，客户集中度能否降低企业股价崩盘风险？第二，如果客户集中度能降低企业的股价崩盘风险，那么当企业披露其具体的客户名称或销售占比时，能否进一步降低信息不对称程度，降低股价崩盘风险？第三，企业的内部信息透明度较高时，客户信息披露对企业股价崩盘风险的影响是更强还是更弱？第四，企业的外部信息透明度较高时，客户集中度对企业股价崩盘风险的影响是更强还是更弱？

第一节 理论分析与假设提出

股价崩盘产生的原因主要在于管理者与所有者之间存在代理问题，具体可细分为以下两个原因：其一，管理层为谋取个人私利而隐藏坏消息；其二，管理层与股东之间存在信息不对称问题。

现有研究认为，内外部公司治理机制可以缓解管理者与所有者之间代理冲突和信息不对称问题。稳健的女性 CEO、较好的公司治理环境、大股东的监督效应等公司内部治理决策均可降低

---

① 若企业披露前五名客户的销售金额或占比，则属于第 1 类自愿性客户信息披露范畴；若企业披露前五名客户的具体名称，则属于第 2 类自愿性客户信息披露范畴。一般而言，当企业披露前五名客户的具体名称时，也会披露其销售金额或占比。

管理层隐藏坏消息的行为空间；而公司债务契约的监督、审计师行业专长的鉴定、分析师的关注、投资者保护、媒体报道等公司外部人的行为也有利于降低管理者机会主义的可能性。

从财务学角度，会计政策选择和信息披露决策也可能降低信息不对称程度，降低股价崩盘风险。Defound et al.（2015）认为 IFRS 准则的强制实施可以增加非金融行业公司的信息披露、提高财务报告的透明度，进而降低股价崩盘风险；Kim and Zhang（2014）的研究则发现稳健的会计政策会降低管理者隐藏坏消息的动机。叶康涛等（2015）利用迪博数据库中内部控制信息披露数据，研究发现内部控制信息披露有利于降低信息不对称程度，缓解未来股价崩盘风险。与他们重点关注公司内部控制这一内部治理机制效应不同，本章主要关注客户这一外部利益相关者对股价崩盘风险的可能影响。

投资者之所以会关注客户以及客户信息的披露状况，是因为客户作为企业重要的利益相关者之一，能全方面影响企业经营活动。客户相关信息的披露可以为投资者提供更多信息，降低企业与投资者之间的信息不对称程度。首先，由于与企业存在密切的经济联系，客户有动机监督企业行为，缓解代理问题（Li and Yang，2011），降低管理者机会主义行为的可能性。其次，良好客户关系可能支持企业发展，增加企业未来盈余、降低企业股价崩盘风险；而低质量的客户与糟糕的客户关系则可能降低企业未来盈余而增加企业股价崩盘风险（Maksimovic and Titman，1991；Marty et al.，2004）。再次，企业有动机隐藏负面消息以吸引新的客户或者避免失去重要的大客户（Kale and Shahrur，2007；Gosman and Kohlbeck，2009），谈判力较强的客户则可能迫使企业隐藏负面信息，进而增加企业股价崩盘风险。最后，客户关系越密切，企业与客户"一荣俱荣、一损俱损"的同步性越强（Ute，1991），客户股价崩盘风险祸及企业的可能性越大。鉴于客户对企业可能产生的重要影响，相关信息的披露可能有利于投资者了解企业，降低资本市场上的信息不对称程度。

当客户集中度较高时，相关客户信息的披露能向投资者传递企业自身较好或其与客户关系较好的信号，进而能降低企业的股价崩盘风险。进一步地，当企业披露了单一客户的销售占比时，投资者可以据此判断企业的客户结构是否合理，未来销售是否具有可持续性，是否存在单一客户依赖风险等，增加对公司信息的理解，而当企业披露了客户的具体名称时，投资者还可以进一步跟踪客户，获取客户信息。同时跟踪企业和客户则有利于投资者获得私有信息，提高其对公司信息的理解，降低信息不对称，进而降低股价崩盘风险。

基于以上分析，提出本章假设：

H1：在其他条件相同的情况下，客户集中度与企业股价崩盘风险负相关。

第二节 研究设计与模型

一、样本选择

由于新会计准则和审计准则均从 2007 年 1 月 1 日起在中国上市公司中开始执行，本章选取 2007 年到 2016 年间 3032 家中国 A 股上市公司 22547 个"企业—年度"样本作为初始样本，依次剔除金融行业的 404 个上市公司样本，1473 个同时在 B 股、H 股或境外交叉上市的样本，1036 个 ST 和 *ST 的样本，1259 个未披露前五大客户销售占比合计数样本①，1227个股价崩盘风险数据缺失样本②，1668个上一期股价崩盘风险数据缺失样本③以及675个其他控制变量缺失的样本，最终得到14805个有效样本。客户信息披露数据为年报中手工提取，其他数据均取自CSMAR数据库，其中，广告费用是利用CSMAR数据库中的销售费用明细进一步整理所得。为了消除极端值的影响，笔者对所有连续变量按1%进行了Winsorize处理。样本筛选过程详见表4-1。

表4-1 样本筛选过程

A股上市公司样本	22547
剔除金融行业样本	404
剔除同时在B股、H股或境外上市的公司样本	1473
剔除ST、PT公司样本	1036
剔除未披露前五大客户销售占比合计数样本	1259
剔除股价崩盘风险数据缺失样本	1227
剔除上一年股价崩盘风险数据缺失样本	1668
剔除其他控制变量缺失样本	675
最终样本	14805

---

① 由于前五大客户销售占比合计数为强制披露，除了部分"批发和零售业""交通运输、仓储和邮政业"等行业公司由于客户较为零售、无法统计外，大部分公司都依据准则要求披露了前五大客户销售占比或销售金额合计数（披露该合计数的样本约93.73%）。值得注意的是，在满足强制披露前五大客户信息的样本中，有28个样本披露的是前五大客户销售金额合计数，未披露前五大客户销售占比合计数，为了增强不同公司样本之间的可比性，在此，笔者用前五大客户销售占比合计数作为主要的解释变量，将只披露前五大客户销售金额合计数的样本也进行剔除。

② 由于计算股价崩盘风险时需删除股票交易周数小于30周的样本以排除企业上市、退市、停牌等因素的影响，因而部分公司部分年份股价崩盘风险数据缺失。

③ 由于在以股价崩盘风险指标为被解释变量进行回归时，需要对上一期的股价崩盘风险变量进行控制，因而需剔除上一期相关变量缺失的样本。

二、模型设计

参照 Chen et al. (2001)、Kim et al. (2011)、许年行等 (2012) 以及 An and Zhang (2013) 等人的研究,设置模型 (4-1) 以验证假设 1。

$$Duvol_{i,t} = \alpha_0 + \alpha_1 Cust_{i,t} + \alpha_2 Duvol_{i,t-1} + \alpha_3 Ret_{i,t-1} + \alpha_4 Sigma_{i,t-1}$$
$$+ \alpha_5 Tumover_{i,t-1} + \alpha_6 Lnsize_{i,t-1} + \alpha_7 MB_{i,t-1}$$
$$+ \alpha_8 ROA_{i,t-1} + \alpha_9 Dual_{i,t-1} + \alpha_0 DACC\_abs_{i,t-1} + \varepsilon$$
$$(4-1)$$

$$R_{i,t} = \alpha_0 + \alpha_1 \times R_{m,t-2} + \beta_2 \times R_{m,t-1} + \beta_3 \times R_{m,t+1} + \beta_4 \times R_{m,t+2} + \varepsilon_{i,t}$$
$$(4-2)$$

$$W_{i,t} = \ln(1 + \varepsilon_{i,t}) \quad (4-3)$$

$$Duvol_{i,t} = \log\{[(n_{up} - 1) \sum_{down} W_{i,t}^2]/[(n_{down} - 1) \sum_{up} W_{i,t}^2]\}$$
$$(4-4)$$

$$Ncskew_{i,t} = -[n(n-1)^{3/2} \sum W_{i,t}^3]/[(n-1)(n-2)(\sum W_{i,t}^2)^{3/2}]$$
$$(4-5)$$

$$W_{i,t} < Ret_{i,t} - 3.09 Sigma_{i,t} \quad (4-6)$$

其中,被解释变量为 $Duvol_{i,t}$,是 i 企业 t 期股价的收益上下波动率,反映 i 企业在 t 年的股价崩盘风险。收益上下波动率 $Duvol_{i,t}$ 越大,说明收益分布更向左偏,股价崩盘风险越大(Kim et al., 2011)。后文中还使用负收益偏态系数 $Ncskew_{i,t}$ 和股价暴跌风险哑变量 $Crash_{i,t}$ 作稳健性检验,负收益偏态系数越大,表示偏态系数负的程度越严重,股价崩盘风险也越大。股价暴跌风险哑变量为 1,表示 i 企业在 t 年发生过至少 1 次暴跌事件,股价崩盘风险也越大。

被解释变量的衡量指标具体计算过程如下:首先,通过模型(4-2)剔除市场因素对个股收益率的影响,计算个股收益中不能被市场收益率波动所解释的部分,即残差 $\varepsilon_{i,t}$。式中 $R_{i,t}$ 为每一年度股票 i 在第 t 周的收益,$R_{m,t}$ 为 A 股所有股票在第 t 周经流通市值加权的平均收益率①;其次,根据模型(4-3)计算股票 i 第 t 周经过市场调整后的收益率 $W_{i,t}$(即周特有收益率),式中 $\varepsilon_{i,t}$ 为根据方程(4-2)回归的残差;再次,根据模型(4-4)计算收益上下波动比率 $Duvol_{i,t}$,式中 n_{up} 或 n_{down} 为股票 i 的特有收益率 $W_{i,t}$ 超过或低于当年回报率均值的周数;然后,根据模型(4-5)计算负收益偏态系数 $Ncskew_{i,t}$,式中 n 为股票 i 每年的交易周数,$W_{i,t}$ 为模型(4-3)计算的周特有收益率;最后,根据模型(4-6)计算股价暴跌风险哑变量 Crash(罗进辉和杜兴强,2014),式中 $Ret_{i,t}$ 为股票 i 的年平均周特有收益率,$Sigma_{i,t}$ 为股票 i 的周特有收益率的年标准差。

主要解释变量为 $Cust_{i,t}$,是 i 企业 t 期的客户集中度,用前五大客户销售占比合计数 $Cust\_5_{i,t}$、前五大客户销售占比赫芬达尔指数 $Cust\_CC_{i,t}$ 以及第一大客户销售占比 $Cust\_1_{i,t}$ 表示。$Cust_{i,t}$ 越大,说明企业向前五大或第一大客户销售的金额占其企业整体销售金额的比例较大,企业的客户集中度越高。

主要控制变量如下:i 企业 t-1 期的股价收益上下波动率($Duvol_{i,t-1}$)、i 企业 t-1 期的个股年平均周特有收益率($Ret_{i,t-1}$)、i 企业 t-1 期的股票年周特有收益率的标准差($Sigma_{i,t-1}$)、i 企业 t-1 期的股票月平均换手率($Turnover_{i,t-1}$)、i 企业 t-1 期的公司规模($Lnsize_{i,t-1}$)、i 企业 t-1 期的市值账面

---

① 方程(6-2)中加入市场收益 $R_{m,t}$ 的滞后项($R_{m,t-1}$、$R_{m,t-2}$)和超前项($R_{m,t+1}$、$R_{m,t+2}$)是为了调整股票非同步性交易的影响。

比（$MB_{i,t-1}$）、i 企业 t−1 期的总资产报酬率（$ROA_{i,t-1}$）、i 企业 t−1 期的董事长与总经理是否两职合一（$Dual_{i,t-1}$）、i 企业 t−1 期的信息透明度（$DACC\_abs_{i,t-1}$）。

为避免行业和年度异质性的可能影响，本章还控制了行业和年度固定效应。变量定义见表 4−2。

表 4−2　　　　　　　　变量定义表

变量类型	变量符号	变量说明
被解释变量	$Duvol_{i,t}$	i 企业 t 期的股价崩盘风险，为该企业 t 年股价的收益上下波动率。该指标越大，表示企业的股价崩盘风险越高。
解释变量	$Cust\_5_{i,t}$	i 企业 t 期的前五大客户销售占比合计数。该指标越大，表示企业向前五大客户销售的金额占企业全部销售金额的比例越大，客户集中度越高。
解释变量	$Cust\_CC_{i,t}$	i 企业 t 期的前五大客户销售占比的赫芬达尔指数。该指标越大，表示客户集中度越高。
解释变量	$Cust\_1_{i,t}$	i 企业 t 期的前五大客户销售占比合计数。该指标越大，表示企业向该客户销售的金额占企业全部销售金额的比例越大，客户集中度越高。
其他变量	$Disclosure1_{i,t}$	是否披露第 1 类自愿性客户信息。哑变量，若企业披露了前五大客户的销售金额或销售占比，设值为 1；否则为 0。
其他变量	$Disclosure2_{i,t}$	是否披露第 2 类自愿性客户信息。哑变量，若企业披露了前五大客户的具体名称，设值为 1；否则为 0。
其他变量	$Duvol_{i,t-1}$	i 企业 t−1 期的股价崩盘风险，为该企业 t−1 年的股价收益上下波动率。
其他变量	$Ret_{i,t-1}$	i 企业 t−1 期的平均收益，为该企业 t−1 年的平均周特有收益率。计算公式：$Ret = mean(W_{it})$，其中 W_{it} 为模型（4−3）计算出的周特有收益率。
其他变量	$Sigma_{i,t-1}$	i 企业 t−1 期的收益波动，为该企业 t−1 年的周特有收益的标准差。计算公式：$Sigma = sd(W_{it})$，其中 W_{it} 为模型（6−3）计算出的周特有收益率。

续表

变量类型	变量符号	变量说明
其他变量	$Turnover_{i,t-1}$	i 企业 t-1 期的月平均换手率,为该企业 t-1 年的月度平均换手率。
	$Lnsize_{i,t-1}$	i 企业 t-1 期的公司规模,计算公式:总资产的自然对数。
	$MB_{i,t-1}$	i 企业 t-1 期的市值账面比,计算公式:(年末的股票价格×流通股数量+每股净资产×非流通股数量)/账面权益价值。
	$ROA_{i,t-1}$	i 企业 t-1 期的总资产报酬率,计算公式:净利润/总资产。
	$Dual_{i,t-1}$	i 企业 t-1 期的公司治理指标。哑变量,若企业的 CEO 与董事长为同一人(两职合一),设值为 1;否则为 0。
	$DACC\_abs_{i,t-1}$	i 企业 t-1 期的信息透明度指标。为修正琼斯模型计算的可操作应计的绝对值。该值越大,表示公司盈余管理程度越高,信息透明度越低。

第三节 实证结果与分析

一、描述性统计

表 4-3 的主要变量描述性统计显示:(1)企业股价崩盘风险指标 $Duvol_{i,t}$ 均值为 -0.1996,中位数为 -0.1991,均值和中位数接近,标准离差为 0.7240,接近于 1,说明样本中股价崩盘风险指标分布总体上较为合理;(2)企业前五大客户销售占比合计数指标 $Cust\_5_{i,t}$ 均值为 0.2989,中位数为 0.2364,均值和中位数接近,标准离差为 0.2207,说明不同公司之间前五大客户

销售占比合计数差异较大;企业前五大客户销售占比赫芬达尔指数 $Cust\_CC_{i,t}$ 均值为 0.0532,中位数为 0.0144,企业第一大客户销售占比合计数指标 $Cust\_1_{i,t}$ 均值为 0.1367,中位数为 0.0832,说明平均来看,企业的客户集中度较高①;(3)其他变量基本与现有文献的样本中位数或均值差异不大。

表 4-3　　　　　总体样本的描述性统计

Variable	Number	Mean	Min	Median	SD	Max
$Duvol_{i,t}$	14805	-0.1996	-2.0354	-0.1991	0.7240	1.6951
$Cust\_5_{i,t}$	14805	0.2989	0.0109	0.2364	0.2207	0.9878
$Cust\_CC_{i,t}$	10772	0.0532	0.0000	0.0144	0.1096	0.7090
$Cust\_1_{i,t}$	10772	0.1367	0.0039	0.0832	0.1515	0.8391
$Duvol_{i,t-1}$	14805	-0.1833	-2.0491	-0.1760	0.7241	1.6815
$Ret_{i,t-1}$	14805	-0.0017	-0.0192	-0.0021	0.0071	0.0196
$Sigma_{i,t-1}$	14805	0.0566	0.0225	0.0528	0.0208	0.1265
$Turnover_{i,t-1}$	14805	0.6069	0.0721	0.5115	0.3977	1.9798
$Lnsize_{i,t-1}$	14805	21.7767	19.5809	21.6442	1.1193	25.0580
$MB_{i,t-1}$	14805	0.2950	0.0010	0.2784	0.2623	0.8286
$ROA_{i,t-1}$	14805	0.0418	-0.1177	0.0363	0.0482	0.1969
$Dual_{i,t-1}$	14805	0.2216	0.0000	0.0000	0.4153	1.0000
$DACC\_abs_{i,t-1}$	14805	0.0730	0.0009	0.0490	0.0798	0.4716

表 4-4 是主要变量按是客户集中度高低分组的描述性统计

---

① 企业前五大客户销售占比赫达尔指数以及企业第一大客户销售占比的样本量为 10772,比总样本数 14805 少,主要原因在于只有企业披露了第 1 类自愿性客户信息,即披露了前五大客户的销售占比数据,才能够计算 $Cust\_CC$ 和 $Cust\_1$ 指标。

分析。若前五大客户销售占比低于行业年度中位数,则认为其客户集中度较低,否则,可认为其客户集中度较高,结果显示:(1)无论是均值 T 检验还是中位数 Z 值检验,客户集中度较高组的股价崩盘风险指标 $Duvol_{i,t}$ 显著高于客户集中度较低组(均值 T 值和中位数 Z 值差异都在1%水平显著),这与本章预期相吻合,即较高客户集中度有利于降低企业的股价崩盘风险。(2)客户集中度较低组的其他变量指标与客户集中度较高组几乎都存在显著差异(除了企业的公司治理变量 $Dual_{i,t-1}$ 的差异性不显著外,其他变量之间的差异都在1%水平),这说明客户集中度较低组与客户集中度较高组的样本特征存在较大差别,需加以控制。未报告的相关系数表显示,客户集中度指标($Cust\_5_{i,t}$、$Cust\_CC_{i,t}$ 以及 $Cust\_1_{i,t}$)都与企业股价崩盘风险指标 $Duvol_{i,t}$ 负相关。

表 4-4 分组样本的差异性检验

变量	客户集中度较低组			客户集中度较高组			差异性检验	
Variable	Number	Mean	Median	Number	Mean	Median	均值差异 T 值	中位数差异 Z 值
$Duvol_{i,t}$	7381	-0.1815	-0.1798	7424	-0.2176	-0.2184	3.0305 ***	2.964 ***
$Duvol_{i,t-1}$	7381	-0.1654	-0.1576	7424	-0.2012	-0.1952	3.0057 ***	2.976 ***
$Ret_{i,t-1}$	7381	-0.0019	-0.0022	7424	-0.0015	-0.0020	-4.0787 ***	-3.469 ***
$Sigma_{i,t-1}$	7381	0.0552	0.0517	7424	0.0581	0.0540	-8.522 ***	-8.459 ***
$Turnover_{i,t-1}$	7381	0.5685	0.4793	7424	0.6451	0.5464	-11.7643 ***	-11.439 ***
$Lnsize_{i,t-1}$	7381	21.954	21.7917	7424	21.6005	21.4701	19.4591 ***	19.205 ***
$MB_{i,t-1}$	7381	0.2827	0.2499	7424	0.3072	0.3032	-5.6917 ***	-6.277 ***
$ROA_{i,t-1}$	7381	0.0447	0.0385	7424	0.0389	0.0344	7.3623 ***	7.105 ***
$Dual_{i,t-1}$	7381	0.2187	0.0000	7424	0.2245	0.0000	-0.8602	-0.860
$DACC\_abs_{i,t-1}$	7381	0.0688	0.0473	7424	0.0772	0.0510	-6.4430 ***	-4.638 ***

二、基础回归

表 4-5 列示了客户集中度对股价崩盘风险影响的基础回归结果。具体而言，第（1）列为前五大客户销售占比 $Cust\_5_{i,t}$ 的回归结果，第（2）列为前五大客户销售占比赫芬达尔指数 $Cust\_CC_{i,t}$ 的回归结果，第（3）列为第一大客户销售占比 $Cust\_1_{i,t}$ 的回归结果，数据显示：第（1）至（3）列客户集中度指标都与企业股价崩盘风险指标负相关，且在 1% 或 5% 水平上显著。这说明当企业的客户集中度较高时，能传递该企业较好的信号，企业的股价崩盘风险也较低。

横向比较，第（1）至（3）列模型回归的调整 R^2 差异不大（依次为 0.040、0.041 和 0.041），这说明，用前五大客户销售占比 $Cust\_5_{i,t}$、前五大客户销售占比赫芬达尔指数 $Cust\_CC_{i,t}$ 以及第一大客户销售占比 $Cust\_1_{i,t}$ 衡量客户集中度时，模型的解释力度差异不大。鉴于用前五大客户销售占比 $Cust\_5_{i,t}$ 衡量客户集中度时参与回归的样本数最多，后续调节效应分析将主要以第（1）列回归为基础展开进一步研究。

表 4-5　基础回归　客户集中度与企业股价崩盘风险

变量	被解释变量：企业股价收益上下波动率 $Duvol_{i,t}$		
	主要解释变量：$Cust\_5_{i,t}$	主要解释变量：$Cust\_CC_{i,t}$	主要解释变量：$Cust\_1_{i,t}$
	（1）	（2）	（3）
$Cust_{i,t}$	-0.0593 **	-0.0875 *	-0.1393 **
	(-2.06)	(-1.76)	(-2.00)
$Duvol_{i,t-1}$	0.0449 ***	0.0444 ***	0.0442 ***
	(3.79)	(3.15)	(3.13)
$Ret_{i,t-1}$	13.0077 ***	13.3388 ***	13.3204 ***
	(10.30)	(8.57)	(8.56)

续表

变量	被解释变量：企业股价收益上下波动率 $Duvol_{i,t}$		
	主要解释变量：$Cust\_5_{i,t}$	主要解释变量：$Cust\_CC_{i,t}$	主要解释变量：$Cust\_1_{i,t}$
	(1)	(2)	(3)
$Sigma_{i,t-1}$	1.5697 *** (3.29)	1.6186 *** (2.80)	1.6202 *** (2.80)
$Turnover_{i,t-1}$	0.0146 (0.68)	0.0309 (1.20)	0.0303 (1.18)
$Lnsize_{i,t-1}$	0.0424 *** (6.82)	0.0656 *** (8.81)	0.0658 *** (8.87)
$MB_{i,t-1}$	0.0286 (1.05)	0.0104 (0.33)	0.0108 (0.35)
$ROA_{i,t-1}$	1.0428 *** (8.09)	1.0893 *** (7.12)	1.0921 *** (7.14)
$Dual_{i,t-1}$	0.0375 ** (2.57)	0.0469 *** (2.79)	0.0467 *** (2.77)
$DACC\_abs_{i,t-1}$	0.0508 (0.66)	0.0759 (0.84)	0.0764 (0.84)
Industry	YES	YES	YES
Year	YES	YES	YES
Constants	-1.1376 *** (-7.64)	-1.6948 *** (-8.60)	-1.7048 *** (-8.68)
Observations	14805	10772	10772
Adjusted R^2	0.040	0.041	0.041
F	18.31	13.71	13.74

注：*、**、*** 分别表示10%、5%以及1%水平上显著。

表4-5中控制变量的结果显示：(1) 企业 t-1 期的股价崩盘风险指标 $Duvol_{i,t-1}$ 与企业 t 期的股价崩盘风险指标 $Duvol_{i,t}$ 显

著正相关，说明企业在不同时期的股价崩盘风险具有相似性，即一个企业前一年的信息透明度较低时，当年的信息透明度可能也较低，因而有必要将企业可能影响信息透明度的指标加以控制；（2）股票的平均收益指标 $Ret_{i,t-1}$ 和收益波动指标 $Sigma_{i,t-1}$ 与股价崩盘风险指标 $Duvol_{i,t}$ 之间的关系均显著为正，说明股票收益波动越大，其崩盘可能性越高；（3）股票的月平均换手率 $Turnover_{i,t}$ 与股价崩盘风险指标 $Duvol_{i,t}$ 显著负相关，说明股票的换手率越高、流动性越大，其崩盘可能性越低；（4）公司规模 $Lnsize_{i,t-1}$ 与股价崩盘风险指标 $Duvol_{i,t}$ 显著正相关，说明公司规模越大，其崩盘可能性越高；（5）总资产报酬率 $ROA_{i,t-1}$ 与股价崩盘风险指标 $Duvol_{i,t}$ 显著正相关，说明公司总资产报酬率越大，其崩盘可能性越高；（6）公司治理指标 $Dual_{i,t-1}$ 与股价崩盘风险指标 $Duvol_{i,t}$ 显著正相关，说明公司治理越差，其崩盘可能性越高；（7）盈余管理 $DACC\_abs_{i,t-1}$ 与股价崩盘风险指标 $Duvol_{i,t}$ 正相关，说明企业盈余管理程度越高，其崩盘可能性越高。这些变量的回归结果与现有文献基本一致。

以上结果证明了本章基本假设，即客户集中度与企业的股价崩盘风险显著负相关，这意味着，较高客户集中度可以发挥积极的信号传递效应。

三、稳健性检验

表4-5基础回归结果显示，客户集中度越大，企业股价崩盘风险越低。但该结果可能存在计量偏误或内生性[①]或样本

[①] 在上一小节的基础回归中，分析的是前五大客户销售占比合计数与当期股价崩盘风险之间的关系，回归结果只能说明两者之间存在相关关系，而无法说明因果关系，因而，可能存在互为因果的内生性问题。

自选择①等问题。因而在此小节中,笔者做了三类稳健性检验,以证明基础回归的可靠性。

(一) 改变股价崩盘风险衡量指标

根据现有文献,在衡量股价崩盘风险时,除了使用股价收益上下波动率 $Duvol_{i,t}$ 指标外,一般还会使用股价负收益偏态系数 $Ncskew_{i,t}$、股价暴跌风险哑变量 $Crash_{i,t}$。因而,此部分改变股价崩盘风险的衡量指标,重复本章表4-5的基础回归。

表4-6为用股价负收益偏态系数 $Ncskew_{i,t}$ 作为股价崩盘风险衡量指标的稳健性检验。其中,第(1)列为前五大客户销售占比合计数 $Cust\_5_{i,t}$ 的回归结果;第(2)列为前五大客户销售占比赫芬达尔指数 $Cust\_CC_{i,t}$ 的回归结果;第(3)列为第一大客户销售占比合计数 $Cust\_1_{i,t}$ 的回归结果。数据结果显示:无论以哪个指标作为客户集中度的衡量指标,客户集中度 $Cust_{i,t}$ 都与企业股价崩盘风险指标负相关,且在1%或5%水平上显著。

表4-6 稳健性检验 改变股价崩盘风险的衡量指标1

变量	被解释变量:企业股价负收益偏态系数 $Ncskew_{i,t}$		
	主要解释变量:$Cust\_5_{i,t}$	主要解释变量:$Cust\_CC_{i,t}$	主要解释变量:$Cust\_1_{i,t}$
	(1)	(2)	(3)
$Cust_{i,t}$	-0.0793 ** (-2.22)	-0.1158 * (-1.87)	-0.1633 * (-1.88)
$Ncskew_{i,t-1}$	0.0667 *** (6.33)	0.0655 *** (5.25)	0.0654 *** (5.24)

---

① 因为在此章节的研究设计中以披露了前五名客户销售占比合计数的公司样本为研究群体,而在整个中国A股上市公司中,部分公司未披露其前五名客户销售占比合计数,因而上一小节基础回归的结果可能是因为选择的样本特殊而导致的。

续表

变量	被解释变量：企业股价负收益偏态系数 $Ncskew_{i,t}$		
	主要解释变量：$Cust\_5_{i,t}$	主要解释变量：$Cust\_CC_{i,t}$	主要解释变量：$Cust\_1_{i,t}$
	(1)	(2)	(3)
$Ret_{i,t-1}$	16.7764***	17.8741***	17.8696***
	(11.95)	(10.31)	(10.31)
$Sigma_{i,t-1}$	2.6720***	2.5143***	2.5099***
	(4.52)	(3.49)	(3.49)
$Turnover_{i,t-1}$	-0.0453*	-0.0335	-0.0342
	(-1.69)	(-1.05)	(-1.07)
$Lnsize_{i,t-1}$	0.0371***	0.0615***	0.0620***
	(4.81)	(6.64)	(6.71)
$MB_{i,t-1}$	0.0760**	0.0701*	0.0705*
	(2.26)	(1.81)	(1.81)
$ROA_{i,t-1}$	1.3064***	1.3498***	1.3549***
	(8.17)	(7.07)	(7.10)
$Dual_{i,t-1}$	0.0616***	0.0786***	0.0784***
	(3.41)	(3.75)	(3.74)
$DACC\_abs_{i,t-1}$	0.1215	0.1841	0.1838
	(1.27)	(1.63)	(1.63)
Industry	YES	YES	YES
Year	YES	YES	YES
Constants	-1.1178***	-1.7003***	-1.7176***
	(-6.06)	(-6.94)	(-7.03)
Observations	14805	10772	10772
Adjusted R^2	0.046	0.045	0.045
F	20.98	14.99	14.99

注：*、**、***分别表示10%、5%以及1%水平上显著。

其他控制变量的回归结果与表4-5中基本类似，如，企业

t−1 期的股价崩盘风险指标 Ncskew$_{i,t-1}$ 与企业 t 期的股价崩盘风险指标 Ncskew$_{i,t}$ 显著正相关。这说明，本章基础回归结果较为稳健。

表 4−7 为用股价暴跌风险哑变量 Crash$_{i,t}$ 作为股价崩盘风险衡量指标的稳健性检验。其中，第（1）列为前五大客户销售占比合计数 Cust_5$_{i,t}$ 的回归结果；第（3）列为前五大客户销售占比赫芬达尔 Cust_CC$_{i,t}$ 的回归结果；第（3）列为第一大客户销售占比合计数 Cust_1$_{i,t}$ 的回归结果。数据结果显示：无论以哪个指标作为客户集中度的衡量指标，客户集中度 Cust$_{i,t}$ 都与企业股价崩盘风险指标虽然负相关，且都不显著。这说明客户的信号传递效应主要体现在应对一般股价崩盘风险时，当企业面临极端困境股价暴跌时，客户的效应减弱。

表 4−7 稳健性检验 改变股价崩盘风险的衡量指标 2

变量	被解释变量：企业股价暴跌风险哑变量 Crash$_{i,t}$		
	主要解释变量：Cust_5$_{i,t}$	主要解释变量：Cust_CC$_{i,t}$	主要解释变量：Cust_1$_{i,t}$
	（1）	（2）	（3）
Cust$_{i,t}$	−0.0186 （−1.46）	−0.0164 （−0.73）	−0.0221 （−0.71）
Ret$_{i,t-1}$	0.4312 （1.00）	0.6873 （1.29）	0.6880 （1.29）
Sigma$_{i,t-1}$	−0.0274 （−0.13）	−0.3573 （−1.38）	−0.3581 （−1.39）
Turnover$_{i,t-1}$	−0.0308 *** （−3.22）	−0.0220 * （−1.92）	−0.0221 * （−1.92）
Lnsize$_{i,t-1}$	−0.0116 *** （−4.21）	−0.0097 *** （−2.92）	−0.0096 *** （−2.91）
MB$_{i,t-1}$	0.0276 ** （2.29）	0.0246 * （1.76）	0.0247 * （1.77）

续表

变量	被解释变量：企业股价暴跌风险哑变量 Crash$_{i,t}$		
	主要解释变量：Cust_5$_{i,t}$	主要解释变量：Cust_CC$_{i,t}$	主要解释变量：Cust_1$_{i,t}$
	(1)	(2)	(3)
ROA$_{i,t-1}$	0.0459 (0.80)	0.0403 (0.59)	0.0410 (0.60)
Dual$_{i,t-1}$	0.0188*** (2.90)	0.0243*** (3.22)	0.0243*** (3.22)
DACC_abs$_{i,t-1}$	-0.0248 (-0.73)	-0.0234 (-0.58)	-0.0235 (-0.58)
Industry	YES	YES	YES
Year	YES	YES	YES
Constants	0.3029*** (4.60)	0.2425*** (2.75)	0.2399*** (2.73)
Observations	14805	10772	10772
Adjusted R^2	0.018	0.017	0.017
F	8.833	6.240	6.239

注：*、**、***分别表示10%、5%以及1%水平上显著。

（二）Heckman 两阶段回归

在表4-5的基础回归中，主要以披露了前五名客户销售占比合计数的公司为研究样本，而在整个中国 A 股上市公司中，部分公司未披露其前五名客户销售占比合计数①，因而上一小节基础回归的结果可能是因为选择的样本特殊而导致的。为此，笔者采用 Heckman 两阶段回归的方法控制基础回归中可能存在的

---

① 在2007年到2016年中国上市公司样本中，仍有7.27%公司未披露前五名客户销售占比合计数。而披露了前五大客户销售占比的样本只有69.02%。

样本自选择问题。

具体做法如下:首先,参照 Ellis et al.(2012)以及王雄元和喻长秋(2014)的做法设立客户信息是否明确披露 Probit 模型,进行第一阶段回归①;然后,根据第一阶段回归结果,计算逆米尔系数 IMR;最后,将该逆米尔系数 IMR 带入模型(4-1)中进行第二阶段回归。表4-8 第二阶段的回归结果显示:控制 IMR 系数后,前五名客户销售占比合计数 $Cust\_5_t$ 仍然显著为负。当以 $Cust\_CC_{i,t}$ 或 $Cust\_1_{i,t}$ 为客户集中度衡量指标时,结果不变,进一步证明了本章假设的稳健性。

表4-8　　稳健性检验 Heckman 两阶段回归

变量	被解释变量:企业股价负收益偏态系数 $Duvol_{i,t}$		
	主要解释变量:$Cust\_5_{i,t}$	主要解释变量:$Cust\_CC_{i,t}$	主要解释变量:$Cust\_1_{i,t}$
	(1)	(2)	(3)
$Cust_{i,t}$	-0.0588** (-2.04)	-0.1388** (-1.99)	-0.0873* (-1.75)
$Duvol_{i,t-1}$	0.0462*** (3.89)	0.0444*** (3.15)	0.0447*** (3.17)
$Ret_{i,t-1}$	13.0304*** (10.32)	13.3218*** (8.56)	13.3401*** (8.57)
$Sigma_{i,t-1}$	1.6201*** (3.39)	1.6306*** (2.82)	1.6296*** (2.81)
$Turnover_{i,t-1}$	0.0147 (0.68)	0.0304 (1.18)	0.0310 (1.21)
$Lnsize_{i,t-1}$	0.0424*** (6.81)	0.0658*** (8.86)	0.0656*** (8.81)

① 具体回归模型果见第三章第四节中表3-11。

续表

变量	被解释变量：企业股价负收益偏态系数 $Duvol_{i,t}$		
	主要解释变量：$Cust\_5_{i,t}$	主要解释变量：$Cust\_CC_{i,t}$	主要解释变量：$Cust\_1_{i,t}$
	(1)	(2)	(3)
$MB_{i,t-1}$	0.0352 (1.29)	0.0119 (0.38)	0.0116 (0.37)
$ROA_{i,t-1}$	1.0645*** (8.24)	1.0965*** (7.15)	1.0938*** (7.13)
$Dual_{i,t-1}$	0.0395*** (2.70)	0.0471*** (2.79)	0.0473*** (2.81)
$DACC\_abs_{i,t-1}$	0.0511 (0.66)	0.0762 (0.84)	0.0756 (0.83)
IMR	0.1480** (2.45)	0.0324 (0.40)	0.0337 (0.42)
Industry	YES	YES	YES
Year	YES	YES	YES
Constants	-1.1619*** (-7.79)	-1.7090*** (-8.69)	-1.6991*** (-8.61)
Observations	14805	10772	10772
Adjusted R^2	0.041	0.041	0.041
F	17.99	13.37	13.35

注：*、**、*** 分别表示10%、5%以及1%水平上显著。

（三）解决内生性问题的 2SLS 回归

表4-9为普通两阶段回归2SLS的稳健性检验。表4-5基础回归中被解释变量股价崩盘风险指标 $Duvol_{i,t}$ 与解释变量前五名客户销售占比合计数指标 $Cust\_5_{i,t}$ 为同一期指标，两者之间可能存在内生性问题，对此，笔者采用2SLS回归的方法进行稳健性检验。

表4-9 稳健性检验 普通两阶段回归（2SLS回归）

变量	被解释变量：企业股价负收益偏态系数 $Duvol_{i,t}$		
	主要解释变量：$Cust\_5_{i,t}$	主要解释变量：$Cust\_CC_{i,t}$	主要解释变量：$Cust\_1_{i,t}$
	（1）	（2）	（3）
$e_{i,t}$	-0.0582** (-2.01)	-0.1126 (-1.61)	-0.0771 (-1.54)
$Duvol_{i,t-1}$	0.0428*** (3.60)	0.0414*** (2.92)	0.0416*** (2.93)
$Ret_{i,t-1}$	12.9281*** (10.22)	13.2112*** (8.39)	13.2234*** (8.40)
$Sigma_{i,t-1}$	1.5720*** (3.28)	1.6491*** (2.84)	1.6526*** (2.85)
$Turnover_{i,t-1}$	0.0148 (0.68)	0.0321 (1.25)	0.0325 (1.27)
$Lnsize_{i,t-1}$	0.0450*** (7.31)	0.0684*** (9.15)	0.0684*** (9.15)
$MB_{i,t-1}$	0.0260 (0.96)	0.0100 (0.32)	0.0098 (0.31)
$ROA_{i,t-1}$	1.0365*** (8.02)	1.1192*** (7.26)	1.1164*** (7.24)
$Dual_{i,t-1}$	0.0377*** (2.58)	0.0468*** (2.77)	0.0469*** (2.77)
$DACC\_abs_{i,t-1}$	0.0399 (0.52)	0.0563 (0.63)	0.0565 (0.63)
Industry	YES	YES	YES
Year	YES	YES	YES
Constants	-1.2049*** (-8.21)	-1.7518*** (-8.87)	-1.7530*** (-8.88)

续表

变量	被解释变量：企业股价负收益偏态系数 $Duvol_{i,t}$		
	主要解释变量：$Cust\_5_{i,t}$	主要解释变量：$Cust\_CC_{i,t}$	主要解释变量：$Cust\_1_{i,t}$
	(1)	(2)	(3)
Observations	14685	10698	10698
Adjusted R^2	0.040	0.041	0.041
F	18.21	13.73	13.73

注：*、**、*** 分别表示10%、5%以及1%水平上显著。

具体做法如下：首先，建立客户销售占比影响因素的回归模型，进行第一阶段回归[①]；然后，根据第一阶段回归结果，估计残差 $e_{i,t}$；最后，将该残差 $e_{i,t}$ 作为解释变量，替换原有解释变量前五名客户销售占比合计数指标 $Cust_{i,t}$，带入模型 (4-1) 进行第二阶段回归。表4-9第二阶段的回归结果显示：残差 $e_{i,t}$ 的回归系数仍然显著为负，与表4-5的回归结果很类似。当以 $Cust\_CC_{i,t}$ 或 $Cust\_1_{i,t}$ 为客户集中度衡量指标时，结果不变。至此，本章假设已得到较稳健的证明。

第四节 基于信息透明度的调节效应研究

以上结果表明，客户集中度与股价风险显著负相关，而现有

---

① 具体而言，第一阶段回归以客户销售占比为被解释变量，研发支出 LnRD、董事长与总经理是否两职合一 Dual、账面市值比 MB、企业规模 Lnsize、行业竞争 HHI、成长性 SG、股权性质 Soe 以及资产负债率 Leverage 等为主要解释变量，进行 OLS 回归。

文献认为企业信息透明度是影响企业股价崩盘风险的重要因素之一。那么客户集中度与企业股价崩盘风险之间的负相关关系是否会受到企业信息透明度的影响？具体而言，当企业的客户相关信息披露的更多时，客户集中度对企业股价崩盘风险的降低效应是否更强？当企业内部的信息透明度较高，即盈余管理程度较低时，客户集中度对企业股价崩盘风险的降低效应是否更强？当企业外部的信息透明度较高，即机构持股比例较多时，客户对企业股价崩盘风险的降低效应是否更强？为此，本章分别按照"企业是否披露自愿性客户信息"、"企业盈余管理程度"和"企业机构持股比例"对样本进行分组回归，探究三者的调节效应。

一、自愿性客户信息披露的调节效应

根据上一章节的描述性分析可以得知中国 A 股上市公司会自愿披露两类客户信息：第 1 类是自愿披露前五大客户的销售金额或销售占比，第 2 类自愿披露前五大客户的具体名称。为此，本部分也按照是否披露这两类自愿性客户信息进行调节效应的分析。

表 4-10 为第 1 类自愿性客户信息披露的调节效应的回归结果。第（1）列是以前五大客户销售占比合计数 $Cust\_5_{i,t}$ 为主要解释变量的全样本回归；第（2）列加入是否披露了第 1 类自愿性客户信息 $Disclosure1_{i,t}$，以及前五大客户销售占比合计数 $Cust\_5_{i,t}$ 与是否披露了第 1 类自愿性客户信息 $Disclosure1_{i,t}$ 的交乘项 $Cust\_5_{i,t} \times Disclosure1_{i,t}$ 的全样本回归；第（3）列为"披露第 1 类自愿性客户信息"的子样本回归；第（4）列为"未披露第 1 类自愿性客户信息"的子样本回归。

表 4 – 10　　调节效应 自愿性客户信息披露 1

变量	披露明细样本			
	(1) 全样本	(2) 全样本	(3) 披露第1类自愿性信息样本	(4) 未披露第1类自愿性信息样本
$Cust\_5_{i,t}$	-0.0593** (-2.06)	-0.0222 (-0.44)	-0.0617* (-1.78)	-0.0497 (-0.97)
$Disclosure1_{i,t}$		-0.0038 (-0.16)		
$Cust\_5_{i,t} \times Disclosure1_{i,t}$		-0.0526 (-0.91)		
$Duvol_{i,t-1}$	0.0449*** (3.79)	0.0448*** (3.78)	0.0448*** (3.18)	0.0518** (2.34)
$Ret_{i,t-1}$	13.0077*** (10.30)	13.0235*** (10.31)	13.4236*** (8.64)	13.0951*** (6.01)
$Sigma_{i,t-1}$	1.5697*** (3.29)	1.5683*** (3.28)	1.6375*** (2.84)	1.5982* (1.88)
$Turnover_{i,t-1}$	0.0146 (0.68)	0.0141 (0.65)	0.0309 (1.20)	-0.0289 (-0.71)
$Lnsize_{i,t-1}$	0.0424*** (6.82)	0.0421*** (6.76)	0.0647*** (8.63)	-0.0154 (-1.37)
$MB_{i,t-1}$	0.0286 (1.05)	0.0305 (1.12)	0.0105 (0.34)	0.1146** (2.01)
$ROA_{i,t-1}$	1.0428*** (8.09)	1.0399*** (8.07)	1.0818*** (7.07)	0.9842*** (4.14)
$Dual_{i,t-1}$	0.0375** (2.57)	0.0376** (2.57)	0.0467*** (2.78)	0.0144 (0.49)
$DACC\_abs_{i,t-1}$	0.0508 (0.66)	0.0517 (0.67)	0.0779 (0.86)	-0.0543 (-0.37)
Industry	YES	YES	YES	YES
Year	YES	YES	YES	YES

续表

变量	披露明细样本			
	(1) 全样本	(2) 全样本	(3) 披露第1类自愿性信息样本	(4) 未披露第1类自愿性信息样本
Constants	-1.1376*** (-7.64)	-1.1420*** (-7.63)	-1.6502*** (-8.34)	0.0547 (0.21)
Observations	14805	14805	10785	4020
Adjusted R^2	0.040	0.040	0.041	0.054
F	18.31	17.41	13.73	7.390

注：*、**、*** 分别表示10%、5%以及1%水平上显著。

表4-10的数据显示：第（1）Cust_$5_{i,t}$ 的回归系数显著为负，第（2）Cust_$5_{i,t}$ × Disclosure$1_{i,t}$ 的回归系数为负，第（3）列 Cust_$5_{i,t}$ 的回归系数显著为负，第（4）列 Cust_$5_{i,t}$ 的回归系数为负但不显著。这说明，当企业自愿性披露了前五大客户的进一步信息时，客户集中度对企业股价崩盘风险的降低作用越大。

表4-11为第2类自愿性客户信息披露的调节效应的回归结果。第（1）列是以前五大客户销售占比合计数 Cust_$5_{i,t}$ 为主要解释变量的全样本回归；第（2）列在第（1）列基础上加入是否披露了第2类自愿性客户信息（即是否披露了前五大客户的具体名称）Disclosure$2_{i,t}$，以及前五大客户销售占比合计数 Cust_$5_{i,t}$ 与是否披露了第2类自愿性客户信息 Disclosure2 的交乘项 Cust_$5_{i,t}$ × Disclosure$2_{i,t}$ 的全样本回归；第（3）列为"披露第2类自愿性客户信息"的子样本回归；第（4）列为"未披露第2类自愿性客户信息"的子样本回归。

表 4 – 11　　调节效应 自愿性客户信息披露 2

变量	披露明细样本			
	(1)	(2)	(3)	(4)
	全样本	全样本	披露第 2 类 自愿性信息样本	未披露第 2 类 自愿性信息样本
$Cust\_5_{i,t}$	-0.0593 ** (-2.06)	-0.0264 (-0.71)	-0.0827 * (-1.88)	-0.0352 (-0.92)
$Disclosure2_{i,t}$		0.0029 (0.14)		
$Cust\_5_{i,t} \times$ $Disclosure2_{i,t}$		-0.0696 (-1.29)		
$Duvol_{i,t-1}$	0.0449 *** (3.79)	0.0442 *** (3.73)	0.0406 ** (2.06)	0.0465 *** (3.11)
$Ret_{i,t-1}$	13.0077 *** (10.30)	12.9442 *** (10.25)	12.8007 *** (5.87)	13.0181 *** (8.35)
$Sigma_{i,t-1}$	1.5697 *** (3.29)	1.5645 *** (3.27)	1.3237 (1.62)	1.7040 *** (2.88)
$Turnover_{i,t-1}$	0.0146 (0.68)	0.0144 (0.67)	0.0161 (0.45)	0.0131 (0.48)
$Lnsize_{i,t-1}$	0.0424 *** (6.82)	0.0424 *** (6.80)	0.0581 *** (5.76)	0.0328 *** (4.12)
$MB_{i,t-1}$	0.0286 (1.05)	0.0282 (1.04)	0.0461 (1.06)	0.0147 (0.42)
$ROA_{i,t-1}$	1.0428 *** (8.09)	1.0353 *** (8.02)	1.1886 *** (5.55)	0.9528 *** (5.88)
$Dual_{i,t-1}$	0.0375 ** (2.57)	0.0366 ** (2.51)	0.0492 ** (1.97)	0.0301 * (1.67)
$DACC\_abs_{i,t-1}$	0.0508 (0.66)	0.0542 (0.70)	0.1637 (1.42)	-0.0362 (-0.35)
Industry	YES	YES	YES	YES
Year	YES	YES	YES	YES

续表

变量	披露明细样本			
	(1)	(2)	(3)	(4)
	全样本	全样本	披露第2类自愿性信息样本	未披露第2类自愿性信息样本
Constants	-1.1376*** (-7.64)	-1.1456*** (-7.67)	-1.5204*** (-5.94)	-0.9341*** (-4.95)
Observations	14805	14805	5579	9226
Adjusted R^2	0.040	0.041	0.045	0.036
F	18.31	17.44	8.540	10.70

注：*、**、*** 分别表示10%、5%以及1%水平上显著。

表4-11的数据显示：第（1）列 $Cust\_5_{i,t}$ 的回归系数为-0.0593，且在5%水平上显著，第（2）$Cust\_5_{i,t} \times Disclosure1$ 的回归系数为-0.0696，不显著，第（3）列 $Cust\_5_{i,t}$ 的回归系数显著为负，第（3）列 $Cust\_5_{i,t}$ 的回归系数虽为负但不显著。这说明，当企业自愿性披露了前五大客户的销售金额或销售占比时，其披露的客户信息更具有可信性，客户集中度对企业股价崩盘风险的降低作用越大。

当以前五大客户销售占比赫芬达尔指数 $Cust\_CC_{i,t}$ 和第一大客户销售占比 $Cust\_1_{i,t}$ 为主要解释变量时，回归结果无显著差异。以上结果说明，当企业自愿披露的客户信息较多时，其披露的客户信息更具有可信性，客户对企业股价崩盘风险的降低作用越大，即自愿性客户信息披露能增强客户信息对企业股价崩盘风险的边际效应。

二、盈余管理的调节效应

企业内部的盈余管理程度是反映企业信息透明度的重要指

标，本部分也按照企业盈余管理程度高低进行调节效应的分析。笔者以修正琼斯模型计算的可操作应计绝对值作为盈余管理的衡量指标，并按照样本中位数进行分组回归，当企业的盈余管理程度高于样本中位数时，可认为企业的盈余管理程度较高、内部整体的信息透明度较低；否则，可认为企业的盈余管理程度较低、内部整体的信息透明度较高。

表 4 – 12 为企业内部盈余管理的调节效应的回归结果。第（1）列是以前五大客户销售占比合计数 $Cust\_5_{i,t}$ 为主要解释变量的全样本回归；第（2）列在第（1）列基础上加入盈余管理 $DACC\_abs_{i,t}$，以及客户前五大客户销售占比合计数 $Cust\_5_{i,t}$ 与盈余管理 $DACC\_abs_{i,t}$ 的交乘项 $Cust\_5_{i,t} \times DACC\_abs_{i,t}$ 的全样本回归；第（3）列为"盈余管理较高组"的子样本回归；第（4）列为"盈余管理较低组"的子样本回归。

表 4 – 12　　　　　调节效应　盈余管理

变量	披露明细样本			
	（1）	（2）	（3）	（4）
	全样本	全样本	盈余管理较高组	盈余管理较低组
$Cust\_5_{i,t}$	-0.0582** (-2.02)	-0.0921** (-2.41)	-0.0266 (-0.65)	-0.0930** (-2.28)
DACC_abs4		-0.6456*** (-4.95)		
Cust_5 × DACC_abs4		0.5334* (1.69)		
$Duvol_{i,t-1}$	0.0450*** (3.80)	0.0440*** (3.71)	0.0321* (1.85)	0.0530*** (3.25)
$Ret_{i,t-1}$	13.0242*** (10.31)	13.1059*** (10.38)	12.2582*** (6.96)	13.4776*** (7.39)

续表

变量	披露明细样本			
	(1)	(2)	(3)	(4)
	全样本	全样本	盈余管理较高组	盈余管理较低组
$Sigma_{i,t-1}$	1.5948*** (3.35)	1.7222*** (3.61)	1.6156** (2.41)	1.7541*** (2.59)
$Turnover_{i,t-1}$	0.0142 (0.66)	0.0092 (0.42)	0.0582* (1.92)	-0.0284 (-0.92)
$Lnsize_{i,t-1}$	0.0424*** (6.81)	0.0392*** (6.25)	0.0404*** (4.56)	0.0427*** (4.80)
$MB_{i,t-1}$	0.0302 (1.12)	0.0327 (1.21)	-0.0261 (-0.67)	0.0787** (2.10)
$ROA_{i,t-1}$	1.0448*** (8.11)	1.0331*** (8.01)	0.8884*** (5.05)	1.2494*** (6.58)
$Dual_{i,t-1}$	0.0376** (2.57)	0.0378*** (2.59)	0.0390* (1.88)	0.0381* (1.85)
Industry	YES	YES	YES	YES
Year	YES	YES	YES	YES
Constants	-1.1355*** (-7.63)	-1.0214*** (-6.80)	-1.1152*** (-5.28)	-1.1188*** (-5.26)
Observations	14805	14795	7408	7397
Adjusted R^2	0.040	0.043	0.042	0.040
F	18.82	18.81	10.38	9.977

注：*、**、***分别表示10%、5%以及1%水平上显著。

表4-12的数据显示：第（1）列$Cust\_5_{i,t}$的回归系数为-0.0582，且在5%水平上显著，第（2）列$Cust\_5_{i,t} \times DACC\_abs_{i,t}$的回归系数为0.5334，且显著，第（3）列$Cust\_5_{i,t}$的回归系数为负且不显著，第（4）列$Cust\_5_{i,t}$的回归系数为负且显著。这

说明，当企业整体的信息透明度较高时，其披露的客户信息更具有可信性，客户集中度对企业股价崩盘风险的降低作用越大。

当以前五大客户销售占比赫芬达尔指数 $Cust\_CC_{i,t}$ 和第一大客户销售占比 $Cust\_1_{i,t}$ 为主要解释变量时，回归结果无显著差异。以上结果说明，当企业的信息透明度较高时，其披露的客户信息更具有可信性，客户对企业股价崩盘风险的降低作用越大，即企业内部的信息透明度能增强客户信息对企业股价崩盘风险的边际效应。

三、机构投资者的调节效应

企业外部的机构投资者也可以反映企业信息透明度，机构投资者对企业财务报表等信息的解读能力高于一般投资者，可在一定程度上降低企业的信息透明度。

笔者以企业的机构投资者持股比例作为衡量指标，并按照样本中位数进行分组回归，当企业的机构投资者持股比例高于样本中位数时，可认为企业的机构投资者较多、外部的信息透明度较高；否则，可认为企业的机构投资者较少、外部的信息透明度较低。

表4-13为企业外部机构投资者的调节效应的回归结果。第（1）列是以前五大客户销售占比合计数 $Cust\_5_{i,t}$ 为主要解释变量的全样本回归；第（2）列在第（1）列基础上加入机构投资者持股比例 $Institutional_{i,t}$，以及客户前五大客户销售占比合计数 $Cust\_5_{i,t}$ 与机构投资者持股比例 $Institutional_{i,t}$ 的交乘项 $Cust\_5_{i,t} \times Institutional_{i,t}$ 的全样本回归；第（3）列为"机构投资者持股比例较高组"的子样本回归；第（4）列为"机构投资者持股比例较低组"的子样本回归。

表 4-13　　　　　　　调节效应 机构投资者

变量	(1) 全样本	(2) 全样本	(3) 机构投资者持股比例较高组	(4) 机构投资者持股比例较低组
	披露明细样本			
$Cust\_5_{i,t}$	-0.0593** (-2.06)	-0.0061 (-0.16)	-0.0913** (-2.22)	-0.0381 (-0.94)
$Institutional_{i,t}$		-0.4117** (-2.28)		
$Cust\_5_{i,t} \times Institutional_{i,t}$		-1.3491*** (-2.60)		
$Duvol_{i,t-1}$	0.0449*** (3.79)	0.0492*** (4.15)	0.0632*** (3.78)	0.0352** (2.08)
$Ret_{i,t-1}$	13.0077*** (10.30)	13.8466*** (10.93)	16.2159*** (9.56)	11.2665*** (5.83)
$Sigma_{i,t-1}$	1.5697*** (3.29)	1.7044*** (3.57)	1.4652** (2.23)	1.7720** (2.54)
$Turnover_{i,t-1}$	0.0146 (0.68)	0.0001 (0.00)	-0.0034 (-0.11)	0.0251 (0.80)
$Lnsize_{i,t-1}$	0.0424*** (6.82)	0.0460*** (7.37)	0.0453*** (5.30)	0.0463*** (4.95)
$MB_{i,t-1}$	0.0286 (1.05)	0.0261 (0.96)	0.0004 (0.01)	0.0443 (1.14)
$ROA_{i,t-1}$	1.0428*** (8.09)	1.1911*** (9.12)	1.3113*** (7.44)	1.0082*** (5.08)
$Dual_{i,t-1}$	0.0375** (2.57)	0.0393*** (2.69)	0.0344* (1.75)	0.0463** (2.14)
$DACC\_abs_{i,t-1}$	0.0508 (0.66)	0.0461 (0.60)	-0.0344 (-0.32)	0.1264 (1.14)
Industry	YES	YES	YES	YES
Year	YES	YES	YES	YES

续表

变量	披露明细样本			
	(1)	(2)	(3)	(4)
	全样本	全样本	机构投资者持股比例较高组	机构投资者持股比例较低组
Constants	-1.1376*** (-7.64)	-1.1841*** (-7.96)	-1.3007*** (-6.27)	-1.1319*** (-5.17)
Observations	14805	14805	7405	7400
Adjusted R^2	0.040	0.044	0.048	0.044
F	18.31	18.77	11.28	10.71

注：*、**、***分别表示10%、5%以及1%水平上显著。

表4-13的数据显示：第（1）列 $Cust\_5_{i,t}$ 的回归系数为 -0.0593，且在5%水平上显著，第（2）$Cust\_5_{i,t} \times DACC\_abs_{i,t}$ 的回归系数为 -1.3491，且显著，第（3）列 $Cust\_5_{i,t}$ 的回归系数为负且显著，第（4）列 $Cust\_5_{i,t}$ 的回归系数为负但不显著。这说明，当企业外部的信息透明度较高时，客户集中度对企业股价崩盘风险的降低作用越大。

当以前五大客户销售占比赫芬达尔指数 $Cust\_CC_{i,t}$ 和第一大客户销售占比 $Cust\_1_{i,t}$ 为主要解释变量时，回归结果无显著差异。以上结果说明，当企业的机构投资者持股比例较高时，客户对企业股价崩盘风险的降低作用较大，即企业外部的信息透明度能增强客户信息对企业股价崩盘风险的边际效应。

本章小结

本章以2007年到2016年中国A股上市公司数据为研究对象，以前五大客户销售占比合计数 $Cust\_5_{i,t}$、前五大客户销售占

比赫芬达尔指数 $Cust\_5_{i,t}$、第一大客户销售占比合计数 $Cust\_1_{i,t}$ 为客户集中度的衡量指标,分析客户及客户信息对企业股价崩盘风险的影响。结果发现:(1)客户集中度与企业的股价崩盘风险显著负相关,在控制可能存在的样本自选择问题和内生性问题后,该结论仍然成立;(2)进一步分析发现,当企业自愿披露客户具体名称或前五大客户销售占比等信息时,投资者可以获得更多客户信息,也能更好地解读客户信息,客户集中度与企业的股价崩盘风险之间的负相关关系更显著;(3)当企业内部的盈余管理程度较弱,其企业内部的信息透明度较高时,客户集中度与企业的股价崩盘风险之间的负相关关系更显著;(4)当企业外部的机构投资者持股比例较高,对企业客户信息理解能力更强时,客户集中度与企业的股价崩盘风险之间的负相关关系更显著。这些研究结果表明,客户及客户相关信息的披露,尤其是客户集中度有利于降低企业与投资者之间的信息不对称程度,进而降低企业的股价崩盘风险,即客户能发挥积极的信号传递效应。

客户稳定性与企业股价崩盘风险

上一章节的研究表明,当企业的客户集中度较高时,能向市场传递企业与客户关系较好、甚至企业自身较好的信号,有利于降低信息不对称,进而降低企业的股价崩盘风险。但客户集中度只考虑了一年内与企业之间的关系,实际上,客户集中度较高可能并不代表企业与客户之间的关系较好,反而强势客户可能掠夺和压榨企业,只有当企业与客户的关系相对稳定或持久时,才意味着双方之间形成了供应链合作关系,才能达到共赢的效果。本章从客户稳定性这一纵向客户关系角度继续探讨客户对企业的股价崩盘风险的影响,即仍然在不打开客户这一黑匣子的前提下,探究纵向客户关系对企业是否有影响。

一般认为,股价崩盘产生的原因主要在于管理者与所有者之间存在代理问题,上一章主要从信息角度探讨了客户的信号传递效应,本章主要从公司治理角度探讨客户的治理效应。

具体而言，本章利用 2007 年到 2016 年中国 A 股上市公司中自愿披露了前五大客户具体名称的数据为研究样本，以是否前五大客户在过去一年出现次数的平均数、前五大客户在过去两年出现次数的平均数、前五大客户在过去三年出现次数的平均数、前五大客户在过去四年出现次数的平均数、前五大客户在过去五年出现次数的平均数作为客户稳定性的衡量指标，分析纵向客户关系对企业股价崩盘风险的影响。具体而言，本章节研究如下三个问题：第一，客户稳定性能否降低企业股价崩盘风险？第二，当客户集中度较高时，稳定的客户关系对企业的治理效应是否更强？第三，当企业的股东制衡度较高时，客户稳定性对企业股价崩盘风险的影响是更强还是更弱？

第一节　理论分析与假设提出

客户关系影响企业与客户的营运活动、成本结构与盈利水平（Kim and Wemmerlov，2010）。具体而言，客户可显著影响企业的创新活动（Peters，2000）、存货管理（Kulp，2002）、盈余管理（Raman and Shahrur，2008）、IPO 抑价（Johnson et al.，2010）、资本结构（Kale and Shahrur，2008）、股利分配（Wang，2012）、商业信用（Kelly and Lockhart，2012）、审计师选择（张敏等，2012）、会计稳健性（Hui et al.，2012）以及现金持有（Itzkowitz，2013）等诸多方面。

大客户能给企业带来诸多好处但也可能蕴含较大风险。一方面，企业能从大客户处获得有价值的信息以促进与客户的联合投资，提高存货管理效率和应收账款回收率，降低销售费用、管理费用以及广告支出（Kalwani and Narayandas，1995）。大客户有助于稳定供应链，拥有大客户的企业具有更高的收益及其稳定性（Gosman et al.，2004）。集中度高的客户具有更强谈判力，能迫使企业收入成本边际下降，因此与客户形成战略合作关系有助于减轻企业财务压力（Kale and Shahrur，2007），改善企业管理效率（Gosman and Kohlbeck，2009）。拥有大客户关系的企业有更高的IPO溢价和更好的长期业绩（Johnson et al.，2010）。另一方面，大客户可能会随时中断交易或与企业竞争对手建立产业联盟，严重影响企业经营财务状况（Maksimovic and Titman，1991）。企业越依赖主要客户，负债水平越高（Kale and Shahrur，2007），现金流量风险越高，越可能陷入财务困境（Wang，2012）。主要客户流失将严重影响企业经营业绩，减少现金流量（Hertzel et al.，2008），因此拥有重要客户的企业更可能持有更多现金以预防此种风险（Itzkowitz，2013）。此外，大客户具有更强谈判力，有能力要求企业降低销售价格、延长商业信用以及分次运送产品以降低自身存货成本，通过压迫企业获得更大利润空间（Gosman et al.，2004）。

客户对企业影响的好坏取决于客户关系性质及其紧密程度。企业与客户关系越密切，成本及业绩的关联性越强（Olsen and Dietrich，1985）。良好客户关系有助于促进协同营销（Kalwani and Narayandas，1995）、信息共享、精简产量以及资本管理效率的提高（Kinney and Wempe，2002）。然而建立关系以所有权信息分享为前提（Anderson and Dekker，2005），且转换成本高昂（Itzkowitz，2013）。信息分享又会引发机会主义与道德风险（Baiman and Rajan，2002），并产生关系风险和业绩风险（Das and Teng，2001）。如果客户关系中的一方严重依赖于另一方，一旦交易中断，依赖方的销售将大幅降低并面临较大经营风险甚至引发财务危机，此外被依赖方可能凭借强势议价能力挤压依赖方的利益空间（Gosman et al.，2004）。

客户与企业之间关系的稳定性是影响供应链关系经济后果的重要指标。Patatoukas（2012）研究发现，客户集中度能提升企业业绩，增强企业的资本市场表现，而 Irvine et al.（2016）则发现客户对企业业绩的促进作用取决于双方之间的关系长短，当双方关系较为持久稳定时，客户的正面促进作用更强。

当企业与客户关系较为稳定时说明这种关系总体上对双方都是最有利的。如果与特定客户的关系总体上对企业不利，企业可以选择中止关系，寻找更为有利的合作者，双方选择维持这种关系说明在现有情况下这种关系仍然是最优的。同时也只有稳定的客户关系，才可能影响对方的经营与财务策略。供应链融资建立在供应商企业与客户多次交易所形成的信用水平的基础上，供应链存货管理需要供应商企业与客户的联动与高度默契的配合。没有稳定的关系，企业与客户不会共享信息，更不会深度参与到客户企业的产品研发与生产过程中。因此稳定的客户关系一方面能提升企业的盈利能力，增强盈余的稳定性，另一方面，只有在稳定关系前提下，供应商企业与客户才会深刻影响对方，并发挥积极的治理效用（王雄元、彭旋，2016），降低股价崩盘风险。

基于以上分析，提出本章假设：

H1：在其他条件相同的情况下，客户稳定性与企业股价崩盘风险负相关。

第二节 研究设计与模型

一、样本选择

本章仍然以 2007 年到 2016 年间 3032 家中国 A 股上市公司

22547个"企业—年度"样本作为初始样本,依次剔除金融行业的404个上市公司样本,1473个同时在B股、H股或境外交叉上市的样本,1036个ST和*ST的样本,12501个未披露前五大客户具体名称样本,683个股价崩盘风险数据缺失样本,以及264个其他控制变量缺失的样本,最终得到6186个有效样本。客户信息披露数据为年报中手工提取,其他数据均取自CSMAR数据库,其中,广告费用是利用CSMAR数据库中的销售费用明细进一步整理所得。为了消除极端值的影响,笔者对所有连续变量按1%进行了Winsorize处理。样本筛选过程详见表5-1。

表5-1　　　　　　　　样本筛选过程

A股上市公司样本	22547
剔除金融行业样本	404
剔除同时在B股、H股或境外上市的公司样本	1473
剔除ST、PT公司样本	1036
剔除未披露前五大客户具体名称样本	12501
剔除股价崩盘风险数据缺失样本	683
剔除其他控制变量缺失样本	264
最终样本	6186

二、模型设计

参照Chen et al.(2001)、Kim et al.(2011)、许年行等(2012)以及An and Zhang(2013)等人的研究,设置模型(5-1)以验证假设1。

$$\text{Crash}_{i,t+1} = \alpha_0 + \alpha_1 \text{Stable}_{i,t} + \alpha_2 \text{Ret}_{i,t} + \alpha_3 \text{Sigma}_{i,t} + \alpha_4 \text{Turnover}_{i,t}$$
$$+ \alpha_5 \text{Lnsize}_{i,t} + \alpha_6 \text{MB}_{i,t} + \alpha_7 \text{ROA}_{i,t} + \alpha_8 \text{Dual}_{i,t}$$
$$+ \alpha_9 \text{DACC\_abs}_{i,t} + \varepsilon \tag{5-1}$$

$$R_{i,t} = \alpha_0 + \alpha_1 \times R_{m,t-2} + \beta_2 \times R_{m,t-1} + \beta_3 \times R_{m,t+1} + \beta_4 \times R_{m,t+2} + \varepsilon_{i,t} \tag{5-2}$$

$$W_{i,t} = \ln(1 + \varepsilon_{i,t}) \tag{5-3}$$

$$\text{Ncskew}_{i,t} = -\left[n(n-1)^{3/2} \sum W_{i,t}^3\right] / \left[(n-1)(n-2)\left(\sum W_{i,t}^2\right)^{3/2}\right] \tag{5-5}$$

$$W_{i,t} < \text{Ret}_{i,t} - 2.33 \text{Sigma}_{i,t} \tag{5-6}$$

$$W_{i,t} < \text{Ret}_{i,t} - 3.09 \text{Sigma}_{i,t} \tag{5-7}$$

其中，被解释变量为 $\text{Crash}_{i,t+1}$，是 i 企业 t+1 期的股价暴跌风险哑变量，反映 i 企业在 t+1 年的股价崩盘风险。股价暴跌风险哑变量 $\text{Crash}_{i,t+1}$ 若为 1，说明 i 企业的股价在 t+1 年发生过至少 1 次暴跌，可认为该企业股价崩盘风险较大（李志生等，2015）。后文中还使用负收益偏态系数 $\text{Ncskew}_{i,t+1}$ 和另一口径股价暴跌风险哑变量 $\text{Crash2}_{i,t+1}$ 作稳健性检验，负收益偏态系数越大，表示偏态系数负的程度越严重，股价崩盘风险也越大。另一口径股价暴跌风险哑变量为 1，表示 i 企业在 t+1 年发生过至少 1 次暴跌事件，股价崩盘风险也越大。

指标具体计算过程如下：首先，通过模型（5-2）剔除市场因素对个股收益率的影响，计算个股收益中不能被市场收益率波动所解释的部分，即残差 $\varepsilon_{i,t}$。式中 $R_{i,t}$ 为每一年度股票 i 在第 t 周的收益，$R_{m,t}$ 为 A 股所有股票在第 t 周经流通市值加权的平均收益率；其次，根据模型（5-3）计算股票 i 第 t 周经过市场调整后的收益率 $W_{i,t}$（即周特有收益率），式中 $\varepsilon_{i,t}$ 为根据方程（5-2）回归的残差；再次，根据模型（5-4）计算负收益偏态系数 Ncskew$_{i,t}$，式中 n 为股票 i 每年的交易周数，W$_{i,t}$ 为模型（5-3）计算的周特有收益率；最后，根据模型（5-6）计算股价暴跌风险哑变量 Crash$_{i,t}$（李志生等，2015，根据模型（5-6）计算另一口径股价暴跌风险哑变量 Crash2$_{i,t}$（罗进辉和杜兴强，2014），式中 Ret$_{i,t}$ 为股票 i 的年平均周特有收益率，Sigma$_{i,t}$ 为股票 i 的周特有收益率的年标准差。

主要解释变量为 Stable$_{i,t}$，是 i 企业 t 期的客户稳定性，用客户与去年比是否稳定 Stable1$_{i,t}$、客户与前两年比是否稳定 Stable2$_{i,t}$、客户与前三年比是否稳定 Stable3$_{i,t}$、客户与前四年比是否稳定 Stable4$_{i,t}$、客户与前五年比是否稳定 Stable5$_{i,t}$。Stable$_{i,t}$ 越大，说明企业前五大客户在过去一至五年出现的比例越大，企业的客户稳定性越高。

以 Stable1$_{i,t}$ 为例，具体算法如下：首先，计算 i 企业前五名客户中每一名客户出现在过去一年间的次数，出现 1 设值为 1，没出现设值为 0；然后计算前五名客户在过去一年间出现的总次数 sum；最后，计算前五名客户在过去一年间出现次数的平均数，即 sum/5。

主要控制变量如下：i 企业 t 期的个股年平均周特有收益率（Ret$_{i,t}$）、i 企业 t 期的股票年周特有收益率的标准差（Sigma$_{i,t}$）、i 企业 t 期的股票月平均换手率（Turnover$_{i,t}$）、i 企业 t 期的公司规模（Lnsize$_{i,t}$）、i 企业 t 期的市值账面比（MB$_{i,t}$）、i 企业 t 期的总资产报酬率（ROA$_{i,t}$）、i 企业 t 期的董事长与总经理是否两职合一（Dual$_{i,t}$）、i 企业 t 期的信息透明度（DACC_abs$_{i,t}$）。为避免行业和年度异质性的可能影响，本章还控制了行业和年度固定效应。变量定义见表 5-2。

表 5-2　　　　　　　　　　变量定义表

变量类型	变量符号	变量说明
被解释变量	$Crash_{i,t+1}$	i 企业 t 期的股价崩盘风险，为该企业 t 年股价的股价暴跌风险哑变量。若该指标为 1，表示企业的股价崩盘风险较高。
解释变量	$Stable_{i,t}$	i 企业 t 期的前五大客户稳定性。该指标越大，表示企业前五大客户在以前出现的频率越高，客户越稳定。
	$Ret_{i,t}$	i 企业 t 期的平均收益，为该企业 t 年的平均周特有收益率。计算公式：Ret = mean（W_{it}），其中 W_{it} 为模型（5-3）计算出的周特有收益率。
	$Sigma_{i,t}$	i 企业 t 期的收益波动，为该企业 t 年的周特有收益的标准差。计算公式：Sigma = sd（W_{it}），其中 W_{it} 为模型（6-3）计算出的周特有收益率。
	$Turnover_{i,t}$	i 企业 t 期的月平均换手率，为该企业 t 年的月度平均换手率。
	$Lnsize_{i,t}$	i 企业 t 期的公司规模，计算公式：总资产的自然对数。
	$MB_{i,t}$	i 企业 t 期的市值账面比，计算公式：（年末的股票价格×流通股数量＋每股净资产×非流通股数量）/账面权益价值。
	$ROA_{i,t}$	i 企业 t 期的总资产报酬率，计算公式：净利润/总资产
	$Dual_{i,t}$	i 企业 t 期的公司治理指标。哑变量，若企业 CEO 与董事长为同一人（两职合一），设值为 1；否则为 0。
	$DACC\_abs_{i,t}$	i 企业 t 期的信息透明度指标。为修正琼斯模型计算的可操作应计的绝对值。该值越大，表示公司盈余管理程度越高，信息透明度越低。

第三节　实证结果与分析

一、描述性统计

表 5-3 的主要变量描述性统计显示：（1）企业股价崩盘风险指标 $Crash_{i,t+1}$ 均值为 0.4798，表明 47.98% 企业在 $t+1$ 年至少发生过一次股价暴跌事件；（2）企业前五大客户稳定性指标 $Stable1_{i,t}$ 均值为 0.3703，中位数为 0.4，均值和中位数接近，标准离差为 0.3176，说明企业客户较稳定；客户稳定性指标 $Stable2_{i,t}$、$Stable3_{i,t}$、$Stable4_{i,t}$、$Stable5_{i,t}$ 的均值分别为 0.5661、0.6745、0.7281、0.7574，说明企业的客户无论是与过去两年比，还是与过去三年、四年、五年比，平均来看，客户的稳定性较高；（3）其他变量与现有文献样本中位数或均值差异不大。

表 5-3　　　　　总体样本的描述性统计

Variable	Number	Mean	Min	Median	SD	Max
$Crash_{i,t+1}$	6186	0.4798	0.0000	0.0000	0.4996	1.0000
$Stable1_{i,t}$	6186	0.3703	0.0000	0.4000	0.3176	1.0000
$Stable2_{i,t}$	6186	0.5661	0.0000	0.4000	0.5154	2.0000
$Stable3_{i,t}$	6186	0.6745	0.0000	0.6000	0.6515	2.8000
$Stable4_{i,t}$	6186	0.7281	0.0000	0.6000	0.7316	3.2000
$Stable5_{i,t}$	6186	0.7574	0.0000	0.6000	0.7778	3.4000

续表

Variable	Number	Mean	Min	Median	SD	Max
$Ret_{i,t}$	6186	-0.0013	-0.0176	-0.0018	0.0065	0.0185
$Sigma_{i,t}$	6186	0.0525	0.0215	0.0494	0.0191	0.1204
$Turnover_{i,t}$	6186	0.5907	0.0682	0.4809	0.4103	2.0424
$Lnsize_{i,t}$	6186	21.8293	19.5486	21.7135	1.1442	25.0180
$MB_{i,t}$	6186	0.2668	0.0009	0.1888	0.2699	0.8413
$ROA_{i,t}$	6186	0.0372	-0.1672	0.0344	0.0511	0.1927
$Dual_{i,t}$	6186	0.2129	0.0000	0.0000	0.4094	1.0000
$DACC\_abs_{i,t}$	6186	0.077	0.0009	0.0513	0.0872	0.5272

表5-4是主要变量按客户稳定性高低分组的描述性统计分析。若前五大客户稳定性低于行业年度中位数，则认为其客户稳定性较低，否则，可认为其客户稳定性较高，结果显示：(1) 无论是均值T检验还是中位数Z值检验，客户稳定性较高组的股价崩盘风险指标$Crash_{i,t+1}$显著高于客户稳定性较低组（均值T值和中位数Z值差异都在1%水平显著），这与本章预期相吻合，即较高客户稳定性有利于降低企业的股价崩盘风险。(2) 客户稳定性较低组的其他变量指标与客户稳定性较高组几乎都存在显著差异（除了企业的公司治理变量$Dual_{i,t-1}$的差异性不显著外，其他变量之间的差异都在1%水平），这说明客户稳定性较低组与客户稳定性较高组的样本特征存在较大差别，需加以控制。未报告的相关系数表显示，客户稳定性指标（$Stable1_{i,t}$、$Stable2_{i,t}$、$Stable3_{i,t}$、$Stable4_{i,t}$以及$Stable5_{i,t}$）都与企业股价崩盘风险指标$Crash_{i,t+1}$负相关。

表 5-4　　　　　　　　分组样本的差异性检验

变量 Variable	客户稳定性较低组			客户稳定性较高组			差异性检验	
	Number	Mean	Median	Number	Mean	Median	均值差异 T值	中位数差异 Z值
$Crash_{i,t+1}$	2761	0.5031	1.0000	3425	0.4610	0.0000	3.2937***	3.291***
$Ret_{i,t}$	2761	-0.0011	-0.0015	3425	-0.0015	-0.0020	2.7739***	2.547**
$Sigma_{i,t}$	2761	0.0561	0.0521	3425	0.0496	0.0469	13.5078***	12.914***
$Turnover_{i,t}$	2761	0.6707	0.5743	3425	0.5262	0.4164	13.9873***	15.276***
$Lnsize_{i,t}$	2761	21.7699	21.6434	3425	21.8771	21.7569	-3.6659***	-3.822***
$MB_{i,t}$	2761	0.2912	0.2525	3425	0.2471	0.1405	6.4115***	7.220***
$ROA_{i,t}$	2761	0.0352	0.0329	3425	0.0389	0.0356	-2.8383***	-2.495**
$Dual_{i,t}$	2761	0.2083	0.0000	3425	0.2166	0.0000	-0.8007	-0.8010
$DACC\_abs_{i,t}$	2761	0.0869	0.0562	3425	0.0690	0.0484	8.0931***	5.639***

注：*、**、*** 分别表示10%、5%以及1%水平上显著。

二、基础回归

表 5-5 列示了客户稳定性对股价崩盘风险影响的基础回归结果。具体而言，第（1）列为两年客户稳定性 $Stable1_{i,t}$ 的回归结果，第（2）列为三年客户稳定性 $Stable2_{i,t}$ 的回归结果，第（3）列为四年客户稳定性 $Stable3_{i,t}$ 的回归结果，第（4）列为五年客户稳定性 $Stable4_{i,t}$ 的回归结果，第（5）列为六年客户稳定性 $Stable5_{i,t}$ 的回归结果，数据显示：第（1）至（5）列客户稳定性指标都与企业股价崩盘风险指标负相关，且在5%水平上显著。这说明当企业的客户稳定性较高时，能发挥公司正面治理效应，企业的股价崩盘风险也较低。

表 5-5 中控制变量的结果显示：（1）股票的平均收益指标 $Ret_{i,t}$ 与股价崩盘风险指标 $Crash_{i,t+1}$ 之间的关系显著为正，说明

股票收益波动越大，其股价暴跌的概率越高；（2）公司规模 $Lnsize_{i,t}$ 与股价崩盘风险指标 $Crash_{i,t+1}$ 显著负相关，说明公司规模越大，其股价暴跌可能性越低；（3）公司治理指标 $Dual_{i,t}$ 与股价崩盘风险指标 $Crash_{i,t+1}$ 显著正相关，说明公司治理越差，其股价暴跌可能性越高。这些变量的回归结果与现有文献基本一致。

表 5-5　基础回归客户稳定性与企业股价崩盘风险

变量	被解释变量：企业股价暴跌风险哑变量 $Crash_{i,t+1}$				
	两年稳定性 $Stable1_{i,t}$	三年稳定性 $Stable2_{i,t}$	四年稳定性 $Stable3_{i,t}$	五年稳定性 $Stable4_{i,t}$	六年稳定性 $Stable5_{i,t}$
	(1)	(2)	(3)	(4)	(5)
$Stable_{i,t}$	-0.0457** (-2.08)	-0.0347** (-2.51)	-0.0261** (-2.34)	-0.0218** (-2.17)	-0.0205** (-2.15)
$Ret_{i,t}$	2.4016** (2.12)	2.4414** (2.15)	2.4430** (2.16)	2.4429** (2.16)	2.4393** (2.15)
$Sigma_{i,t}$	-0.6722 (-1.23)	-0.6973 (-1.28)	-0.6930 (-1.27)	-0.6854 (-1.26)	-0.6876 (-1.26)
$Turnover_{i,t}$	-0.0258 (-1.12)	-0.0271 (-1.18)	-0.0275 (-1.20)	-0.0276 (-1.20)	-0.0276 (-1.20)
$Lnsize_{i,t}$	-0.0223*** (-3.39)	-0.0224*** (-3.40)	-0.0223*** (-3.39)	-0.0223*** (-3.38)	-0.0222*** (-3.38)
$MB_{i,t}$	0.0816*** (2.89)	0.0782*** (2.77)	0.0764*** (2.69)	0.0762*** (2.68)	0.0760*** (2.67)
$ROA_{i,t}$	0.0178 (0.13)	0.0188 (0.14)	0.0159 (0.12)	0.0143 (0.11)	0.0143 (0.11)
$Dual_{i,t}$	0.0271* (1.70)	0.0270* (1.69)	0.0269* (1.69)	0.0269* (1.68)	0.0268* (1.68)
$DACC\_abs_{i,t}$	0.0493 (0.65)	0.0470 (0.62)	0.0490 (0.65)	0.0506 (0.67)	0.0512 (0.67)

续表

变量	被解释变量：企业股价暴跌风险哑变量 Crash$_{i,t+1}$				
	两年稳定性 Stable1$_{i,t}$	三年稳定性 Stable2$_{i,t}$	四年稳定性 Stable3$_{i,t}$	五年稳定性 Stable4$_{i,t}$	六年稳定性 Stable5$_{i,t}$
	(1)	(2)	(3)	(4)	(5)
Industry	YES	YES	YES	YES	YES
Year	YES	YES	YES	YES	YES
Constants	1.0792*** (6.31)	1.0837*** (6.34)	1.0837*** (6.34)	1.0826*** (6.33)	1.0823*** (6.33)
Observations	6186	6186	6186	6186	6186
Adjusted R^2	0.020	0.020	0.020	0.020	0.020
F	4.650	4.709	4.685	4.661	4.659

注：*、**、***分别表示10％、5％以及1％水平上显著。

三、稳健性检验

表5-5基础回归结果显示，客户稳定性越大，企业股价崩盘风险越低。但该结果可能存在计量偏误和样本选择性偏误等问题。因而在此小节中，为了证明基础回归的可靠性，笔者主要做了三类稳健性检验。

（一）改变股价崩盘风险衡量指标

表5-6为用股价负收益偏态系数Ncskew$_{i,t+1}$作为股价崩盘风险衡量指标的稳健性检验。表5-7为用另一口径的股价暴跌风险哑变量Crash2$_{i,t+1}$作为股价崩盘风险衡量指标的稳健性检验。数据结果显示：表4-6中，客户稳定性指标都与企业股价崩盘风险指标负相关，且在第（4）列和第（5）列显著；在表5-7中，客户稳定性指标都与企业股价崩盘风险指标负相关但不显著。这说明客户的治理效应主要体现在应对一般股价崩盘风

险和暴跌幅度较小时,当企业面临极端困境股价暴跌时,客户的效应相对减弱。

表 5-6 稳健性检验改变股价崩盘风险的衡量指标 1

变量	被解释变量:企业股价负收益偏态系数 $Ncskew_{i,t+1}$				
	两年稳定性 $Stable1_{i,t}$	三年稳定性 $Stable2_{i,t}$	四年稳定性 $Stable3_{i,t}$	五年稳定性 $Stable4_{i,t}$	六年稳定性 $Stable5_{i,t}$
	(1)	(2)	(3)	(4)	(5)
$Stable_{i,t}$	-0.0344 (-0.84)	-0.0344 (-1.34)	-0.0334 (-1.61)	-0.0348* (-1.86)	-0.0335* (-1.89)
$Ncskew_{i,t}$	0.0686*** (4.14)	0.0683*** (4.13)	0.0681*** (4.11)	0.0679*** (4.10)	0.0678*** (4.10)
$Ret_{i,t}$	19.4010*** (8.01)	19.4175*** (8.02)	19.4118*** (8.01)	19.4079*** (8.01)	19.3966*** (8.01)
$Sigma_{i,t}$	3.9455*** (3.85)	3.9038*** (3.81)	3.8823*** (3.79)	3.8668*** (3.78)	3.8595*** (3.77)
$Turnover_{i,t}$	-0.0876** (-2.04)	-0.0889** (-2.07)	-0.0898** (-2.09)	-0.0904** (-2.10)	-0.0904** (-2.10)
$Lnsize_{i,t}$	0.0222* (1.80)	0.0221* (1.79)	0.0221* (1.79)	0.0222* (1.80)	0.0222* (1.80)
$MB_{i,t}$	0.1790*** (3.40)	0.1750*** (3.31)	0.1709*** (3.22)	0.1680*** (3.16)	0.1674*** (3.15)
$ROA_{i,t}$	0.3233 (1.31)	0.3290 (1.34)	0.3313 (1.35)	0.3343 (1.36)	0.3349 (1.36)
$Dual_{i,t}$	0.0601** (2.02)	0.0601** (2.02)	0.0602** (2.03)	0.0603** (2.03)	0.0602** (2.02)
$DACC\_abs_{i,t}$	0.2496* (1.76)	0.2447* (1.73)	0.2433* (1.72)	0.2421* (1.71)	0.2427* (1.72)
Industry	YES	YES	YES	YES	YES
Year	YES	YES	YES	YES	YES

续表

变量	被解释变量：企业股价负收益偏态系数 $Ncskew_{i,t+1}$				
	两年稳定性 $Stable1_{i,t}$	三年稳定性 $Stable2_{i,t}$	四年稳定性 $Stable3_{i,t}$	五年稳定性 $Stable4_{i,t}$	六年稳定性 $Stable5_{i,t}$
	(1)	(2)	(3)	(4)	(5)
Constants	-0.7114** (-2.22)	-0.7053** (-2.20)	-0.7023** (-2.19)	-0.7009** (-2.19)	-0.7010** (-2.19)
Observations	6186	6186	6186	6186	6186
Adjusted R^2	0.043	0.043	0.043	0.043	0.043
F	8.944	8.976	9.001	9.027	9.030

注：*、**、*** 分别表示10%、5%以及1%水平上显著。

表5-7 稳健性检验改变股价崩盘风险的衡量指标2

变量	被解释变量：企业股价暴跌风险哑变量 $Crash2_{i,t+1}$				
	两年稳定性 $Stable1_{i,t}$	三年稳定性 $Stable2_{i,t}$	四年稳定性 $Stable3_{i,t}$	五年稳定性 $Stable4_{i,t}$	六年稳定性 $Stable5_{i,t}$
	(1)	(2)	(3)	(4)	(5)
$Stable_{i,t}$	-0.0125 (-0.83)	-0.0087 (-0.92)	-0.0065 (-0.86)	-0.0050 (-0.73)	-0.0059 (-0.90)
$Ret_{i,t}$	1.4572* (1.88)	1.4674* (1.89)	1.4678* (1.89)	1.4672* (1.89)	1.4679* (1.89)
$Sigma_{i,t}$	-0.5181 (-1.39)	-0.5230 (-1.40)	-0.5219 (-1.39)	-0.5185 (-1.39)	-0.5234 (-1.40)
$Turnover_{i,t}$	-0.0346** (-2.19)	-0.0350** (-2.21)	-0.0351** (-2.22)	-0.0351** (-2.22)	-0.0351** (-2.22)
$Lnsize_{i,t}$	-0.0105** (-2.34)	-0.0105** (-2.34)	-0.0105** (-2.33)	-0.0105** (-2.33)	-0.0105** (-2.33)
$MB_{i,t}$	0.0395** (2.04)	0.0388** (2.00)	0.0383** (1.97)	0.0384** (1.97)	0.0379* (1.94)
$ROA_{i,t}$	0.0063 (0.07)	0.0062 (0.07)	0.0054 (0.06)	0.0047 (0.05)	0.0056 (0.06)

续表

变量	被解释变量：企业股价暴跌风险哑变量 Crash2$_{i,t+1}$				
	两年稳定性 Stable1$_{i,t}$	三年稳定性 Stable2$_{i,t}$	四年稳定性 Stable3$_{i,t}$	五年稳定性 Stable4$_{i,t}$	六年稳定性 Stable5$_{i,t}$
	(1)	(2)	(3)	(4)	(5)
Dual$_{i,t}$	0.0266** (2.43)	0.0265** (2.42)	0.0265** (2.42)	0.0265** (2.42)	0.0265** (2.42)
DACC_abs$_{i,t}$	-0.0355 (-0.68)	-0.0358 (-0.69)	-0.0353 (-0.68)	-0.0347 (-0.67)	-0.0351 (-0.67)
Industry	YES	YES	YES	YES	YES
Year	YES	YES	YES	YES	YES
Constants	0.3787*** (3.23)	0.3798*** (3.24)	0.3797*** (3.24)	0.3793*** (3.24)	0.3796*** (3.24)
Observations	6186	6186	6186	6186	6186
Adjusted R²	0.014	0.014	0.014	0.014	0.014
F	3.638	3.643	3.640	3.634	3.642

注：*、**、*** 分别表示10%、5%以及1%水平上显著。

（二）改变客户稳定性衡量指标

在基础回归中，用前五大客户在过去一年（或二年、三年、四年、五年）出现次数的平均数衡量客户稳定性，此部分，笔者用前五大客户在过去一年（或二年、三年、四年、五年）出现是否出现过的平均数衡量，并重复前面表5-5的基础回归。

表5-8的数据结果显示，无论是用二年客户稳定性、三年客户稳定性、四年客户稳定性、五年客户稳定性，还是六年客户稳定性指标进行回归，Stable$_{i,t}$与Crash$_{i,t+1}$显著负相关（在5%水平上显著）。这说明当企业的客户稳定性较高时，企业的股价崩盘风险也较低，说明本章基础回归较稳健。

表 5-8　稳健性检验改变客户稳定性的衡量指标

变量	被解释变量：企业股价暴跌风险哑变量 $Crash_{i,t+1}$				
	两年稳定性 $Stable1_{i,t}$	三年稳定性 $Stable2_{i,t}$	四年稳定性 $Stable3_{i,t}$	五年稳定性 $Stable4_{i,t}$	六年稳定性 $Stable5_{i,t}$
	(1)	(2)	(3)	(4)	(5)
$Stable_{i,t}$	-0.0457** (-2.08)	-0.0514** (-2.35)	-0.0461** (-2.11)	-0.0465** (-2.12)	-0.0458** (-2.09)
$Ret_{i,t}$	2.4016** (2.12)	2.4175** (2.13)	2.4250** (2.14)	2.4315** (2.15)	2.4328** (2.15)
$Sigma_{i,t}$	-0.6722 (-1.23)	-0.6747 (-1.24)	-0.6643 (-1.22)	-0.6670 (-1.22)	-0.6680 (-1.22)
$Turnover_{i,t}$	-0.0258 (-1.12)	-0.0264 (-1.15)	-0.0266 (-1.16)	-0.0266 (-1.15)	-0.0266 (-1.15)
$Lnsize_{i,t}$	-0.0223*** (-3.39)	-0.0224*** (-3.41)	-0.0224*** (-3.40)	-0.0224*** (-3.40)	-0.0224*** (-3.40)
$MB_{i,t}$	0.0816*** (2.89)	0.0808*** (2.86)	0.0806*** (2.86)	0.0803*** (2.84)	0.0803*** (2.85)
$ROA_{i,t}$	0.0178 (0.13)	0.0176 (0.13)	0.0147 (0.11)	0.0150 (0.11)	0.0146 (0.11)
$Dual_{i,t}$	0.0271* (1.70)	0.0269* (1.69)	0.0269* (1.68)	0.0269* (1.68)	0.0268* (1.68)
$DACC\_abs_{i,t}$	0.0493 (0.65)	0.0469 (0.62)	0.0481 (0.63)	0.0478 (0.63)	0.0480 (0.63)
Industry	YES	YES	YES	YES	YES
Year	YES	YES	YES	YES	YES
Constants	1.0792*** (6.31)	1.0823*** (6.33)	1.0818*** (6.33)	1.0820*** (6.33)	1.0821*** (6.33)
Observations	6186	6186	6186	6186	6186
Adjusted R^2	0.020	0.020	0.020	0.020	0.020
F	4.650	4.686	4.653	4.655	4.651

注：*、**、*** 分别表示 10%、5% 以及 1% 水平上显著。

(三) 限定样本

此部分选择极端稳定样本和极端不稳定样本进行回归，以 $Stable1_{i,t}$ 为例，若 $Stable1_{i,t} \leq 0.2$，意味着前五大客户最多只有 1 个在过去一年出现过，可认为是极端不稳定样本，若 $Stable1_{i,t} \geq 0.8$，意味着前五大客户中最多只有 1 个在过去一年没有出现过，可认为其属于极端稳定样本。

表 5-9 的数据结果显示，无论是用二年客户稳定性、三年客户稳定性、四年客户稳定性、五年客户稳定性，还是六年客户稳定性指标进行回归，$Stable_{i,t}$ 与 $Crash_{i,t+1}$ 显著负相关。且表 5-9 中 $Stable_{i,t}$ 的回归系数均高于表 5-5 基础回归中的回归系数，更进一步证明了客户稳定性对企业股价崩盘风险降低效应的稳健性。

表 5-9   稳健性检验限定样本

变量	被解释变量：企业股价暴跌风险哑变量 $Crash_{i,t+1}$				
	两年稳定性 $Stable1_{i,t}$	三年稳定性 $Stable2_{i,t}$	四年稳定性 $Stable3_{i,t}$	五年稳定性 $Stable4_{i,t}$	六年稳定性 $Stable5_{i,t}$
	(1)	(2)	(3)	(4)	(5)
$Stable_{i,t}$	-0.0582** (-2.44)	-0.0429*** (-2.98)	-0.0309*** (-2.64)	-0.0281*** (-2.66)	-0.0246** (-2.45)
$Ret_{i,t}$	1.8852 (1.32)	1.8125 (1.35)	2.3766* (1.81)	2.3940* (1.84)	2.5234* (1.94)
$Sigma_{i,t}$	-0.4493 (-0.66)	-0.5755 (-0.90)	-0.7926 (-1.26)	-0.7482 (-1.20)	-0.8063 (-1.29)
$Turnover_{i,t}$	-0.0096 (-0.33)	-0.0210 (-0.76)	-0.0242 (-0.89)	-0.0204 (-0.76)	-0.0185 (-0.69)
$Lnsize_{i,t}$	-0.0200** (-2.42)	-0.0228*** (-2.98)	-0.0244*** (-3.24)	-0.0227*** (-3.04)	-0.0230*** (-3.08)
$MB_{i,t}$	0.1060*** (2.98)	0.0765** (2.30)	0.0900*** (2.75)	0.0855*** (2.61)	0.0855*** (2.62)

续表

变量	被解释变量：企业股价暴跌风险哑变量 $Crash_{i,t+1}$				
	两年稳定性 $Stable1_{i,t}$	三年稳定性 $Stable2_{i,t}$	四年稳定性 $Stable3_{i,t}$	五年稳定性 $Stable4_{i,t}$	六年稳定性 $Stable5_{i,t}$
	(1)	(2)	(3)	(4)	(5)
$ROA_{i,t}$	0.1071 (0.65)	0.0240 (0.16)	0.0193 (0.13)	0.0282 (0.19)	0.0264 (0.18)
$Dual_{i,t}$	0.0265 (1.30)	0.0289 (1.54)	0.0353* (1.92)	0.0311* (1.70)	0.0319* (1.75)
$DACC\_abs_{i,t}$	-0.0507 (-0.55)	-0.0275 (-0.31)	-0.0224 (-0.26)	-0.0200 (-0.23)	-0.0115 (-0.13)
Industry	YES	YES	YES	YES	YES
Year	YES	YES	YES	YES	YES
Constants	0.9305*** (4.40)	1.0587*** (5.36)	1.1249*** (5.76)	1.0705*** (5.52)	1.0860*** (5.61)
Observations	3825	4536	4693	4755	4783
Adjusted R^2	0.027	0.021	0.023	0.023	0.023
F	4.108	3.908	4.307	4.260	4.260

注：*、**、***分别表示10%、5%以及1%水平上显著。

第四节 基于公司治理的进一步分析

以上结果表明，客户对企业具有治理效应，而现有文献认为公司治理是影响企业股价崩盘风险的重要因素之一。那么客户稳定性与企业股价崩盘风险之间的负相关关系是否会受公司治理情况的影响？具体而言，当企业的客户集中度较高时，客户稳定性对企业股价崩盘风险的降低效应是否更强？当企业大股东制衡度较高,客户稳定性对企业股价崩盘风险的降低效应是否更强?为此,本章分别按照"客户集中度"和"股东制衡度"对样本进行分组回归,探究公司治理的影响。

一、基于客户集中度的进一步分析

根据上一章的分析,横向来看,客户当年的集中度可以降低股价崩盘风险,而本章的回归结果则表明,纵向来看,客户与以前年度相比的稳定性也能降低企业股价崩盘风险,那么,将横向与纵向结合起来,当客户集中度较高时,客户稳定性对企业股价崩盘风险的降低效应应该更强。

参考第四章的做法,笔者用前五大客户销售占比合计数 $Cust\_5_{i,t}$ 和前五大客户销售占比赫芬达尔指数 $Cust\_CC_{i,t}$ 作为客户集中度的衡量指标,当前五大客户销售占比合计数 $Cust\_5_{i,t}$ 高于样本中位数时,可认为企业的客户集中度较高,否则,可认为企业的客户集中度较低;当前五大客户销售占比赫芬达尔指数 $Cust\_CC_{i,t}$ 高于样本中位数时,可认为企业的客户集中度较高,否则,可认为企业的客户集中度较低。

笔者将样本按照客户集中度分为高低两组进行回归。表5-10列示了以 $Stable1_{i,t}$ 作为解释变量的回归结果,其中第(1)和第(3)列为客户集中度较高组的子样本回归,第(2)和第(4)列为客户集中度较低组的子样本回归,数据显示:客户稳定性 $Stable_{i,t}$ 与企业 t+1 期股价崩盘风险 $Crash_{i,t+1}$ 的显著负相关关系主要体现在企业的客户集中度较高组。具体而言,在企业的客户集中度较低组,$Stable_{i,t}$ 的系数为负但不显著;而在企业的客户集中度较高组,$Stable_{i,t}$ 的系数为负且在5%水平显著。

表 5-10　　基于客户集中度的进一步分析

变量	被解释变量：企业股价暴跌风险哑变量 Crash$_{i,t+1}$			
	客户集中度较高组	客户集中度较低组	客户集中度较高组	客户集中度较低组
	(1)	(2)	(3)	(4)
Stable$_{i,t}$	-0.0713**	-0.0073	-0.0665**	-0.0178
	(-2.35)	(-0.22)	(-2.18)	(-0.54)
Ret$_{i,t}$	4.3478***	0.5034	3.7727**	1.0201
	(2.75)	(0.31)	(2.38)	(0.62)
Sigma$_{i,t}$	-1.0120	-0.3030	-0.7643	-0.5618
	(-1.34)	(-0.38)	(-1.01)	(-0.70)
Turnover$_{i,t}$	-0.0257	-0.0323	-0.0299	-0.0238
	(-0.81)	(-0.94)	(-0.94)	(-0.69)
Lnsize$_{i,t}$	-0.0237**	-0.0196**	-0.0248**	-0.0176*
	(-2.44)	(-2.08)	(-2.55)	(-1.85)
MB$_{i,t}$	0.0590	0.1092***	0.0666	0.0962**
	(1.46)	(2.72)	(1.64)	(2.39)
ROA$_{i,t}$	0.0607	-0.0367	0.0702	-0.0426
	(0.34)	(-0.19)	(0.39)	(-0.22)
Dual$_{i,t}$	0.0283	0.0315	0.0262	0.0318
	(1.24)	(1.39)	(1.14)	(1.40)
DACC_abs$_{i,t}$	0.1226	-0.0661	0.1188	-0.0551
	(1.17)	(-0.58)	(1.15)	(-0.48)
Industry	YES	YES	YES	YES
Year	YES	YES	YES	YES
Constants	1.1021***	1.0332***	1.1299***	1.0281***
	(4.47)	(4.17)	(4.59)	(4.11)
Observations	3082	3080	3070	3070
Adjusted R^2	0.016	0.021	0.018	0.019
F	2.503	2.922	2.614	2.765

注：*、**、*** 分别表示 10%、5% 以及 1% 水平上显著。

当主要解释变量 $Stable_{i,t}$ 为三年期、四年期、五年期或六年期的客户稳定性指标时，回归结果与表 5-10 的回归结果无显著差异。这说明当企业的客户集中度较高时，客户稳定性对企业股价崩盘风险的治理效应更强。

二、基于股东制衡度的进一步分析

股东制衡度是衡量企业公司治理的重要指标之一，当企业自身的股东制衡度较高，即公司治理情况较好时，客户稳定性对企业股价崩盘风险的降低效应应该更强。笔者用第一大股东持股数与第二至第十大股东持股数的比例 $Tenshare_{i,t}$ 和第一大股东持股数与第二大股东持股数的比例 $Covernance_{i,t}$ 作为股东制衡度的衡量指标。当第一大股东持股数与第二至第十大股东持股数的比例 $Tenshare_{i,t}$ 高于样本中位数时，可认为企业的股东制衡度较低，否则，可认为企业的股东制衡度较高；当第一大股东持股数与第二大股东持股数的比例 $Covernance_{i,t}$ 高于样本中位数时，可认为企业的股东制衡度较低，否则，可认为企业的股东制衡度较高。

笔者将样本按照股东制衡度分为高低两组进行回归。表 5-11 列示了以 $Stable1_{i,t}$ 作为解释变量的回归结果，其中第（1）和第（3）列为企业的股东制衡度较低组的子样本回归，第（2）和第（4）列为企业的股东制衡度较高组的子样本回归，结果显示：客户稳定性 $Stable_{i,t}$ 与企业 $t+1$ 期股价崩盘风险 $Crash_{i,t+1}$ 的显著负相关关系主要体现在企业的股东制衡度较高组。具体而言，在企业的股东制衡度较低组，$Stable_{i,t}$ 的系数为负但不显著；而在企业的股东制衡度较高组，$Stable_{i,t}$ 的系数为负且在 5% 水平显著。

表 5-11　　　　基于客户集中度的进一步分析

变量	被解释变量：企业股价暴跌风险哑变量 $Crash_{i,t+1}$			
	股东制衡度较低组	股东制衡度较高组	股东制衡度较低组	股东制衡度较高组
	(1)	(2)	(3)	(4)
$Stable_{i,t}$	0.0006	-0.0893***	-0.0045	-0.0819***
	(0.02)	(-2.89)	(-0.14)	(-2.67)
$Ret_{i,t}$	2.8580*	2.4241	2.3614	2.5491
	(1.70)	(1.55)	(1.43)	(1.61)
$Sigma_{i,t}$	-0.4886	-0.7600	-0.2435	-1.0657
	(-0.63)	(-0.98)	(-0.31)	(-1.37)
$Turnover_{i,t}$	-0.0355	-0.0209	-0.0240	-0.0255
	(-1.00)	(-0.68)	(-0.68)	(-0.82)
$Lnsize_{i,t}$	-0.0156*	-0.0240**	-0.0160*	-0.0257**
	(-1.70)	(-2.43)	(-1.76)	(-2.58)
$MB_{i,t}$	0.0645	0.0912**	0.0787*	0.0784*
	(1.61)	(2.21)	(1.92)	(1.93)
$ROA_{i,t}$	-0.2354	0.2067	-0.0292	0.0428
	(-1.23)	(1.11)	(-0.15)	(0.23)
$Dual_{i,t}$	0.0309	0.0256	0.0157	0.0400*
	(1.22)	(1.23)	(0.64)	(1.89)
$DACC\_abs_{i,t}$	0.0440	0.0597	0.0874	0.0204
	(0.40)	(0.56)	(0.79)	(0.19)
Industry	YES	YES	YES	YES
Year	YES	YES	YES	YES
Constants	0.8714***	1.2242***	0.8819***	1.2110***
	(3.64)	(4.82)	(3.68)	(4.79)
Observations	3093	3092	3093	3092
Adjusted R^2	0.010	0.021	0.014	0.018
F	1.955	2.992	2.256	2.711

注：*、**、*** 分别表示 10%、5% 以及 1% 水平上显著。

当主要解释变量 $Stable_{i,t}$ 为三年期、四年期、五年期或六年期的客户稳定性指标时，回归结果与表 5-10 的回归结果无显著差异。这说明当企业的股东制衡度时，客户对企业股价崩盘风险的治理效应更强。

以上结果说明，当企业的客户集中度较高或股东制衡度较高时，客户对企业股价崩盘风险的降低作用较大，即企业的内部公司治理能增强客户对企业股价崩盘风险的边际效应。

第五节 客户稳定性的作用机理研究

以上结果表明，客户对企业具有治理效应，那么客户应如何发挥其治理效应？客户越稳定，企业未来的盈利能力是否越大，盈余波动性是否越小？为此，笔者进一步探讨客户稳定性与对企业业绩和业绩波动性的影响。

表 5-12 列示了客户稳定性对企业业绩表现的回归结果。参考 Patatoukas（2012）与王雄元和彭旋（2016）的研究，笔者以企业的盈利能力 $ROA_{i,t}$ 以及盈余波动性 $ROA\_sd_{i,t}$ 作为企业业绩表现的衡量指标，以客户稳定性（$Stable_{i,t}$）和客户集中度（$Cust_{i,t}$）为主要解释变量，以企业规模（$Lnsize_{i,t}$）、企业成立年限（$Lnage_{i,t}$）、企业销售增长率（$SG_{i,t}$）、企业负债率（$Leverage_{i,t}$）、企业的市值账面比（$MB_{i,t}$）等指标为控制变量进行回归。

表 5-12　客户稳定性是否提高了企业的业绩表现

变量	被解释变量：$ROA_{i,t}$		被解释变量：$ROA\_sd_{i,t}$	
	(1)	(2)	(3)	(4)
$Stable1_{i,t}$	0.0107 *** (5.60)	0.0126 *** (6.54)	-0.0023 * (-1.65)	-0.0037 *** (-2.68)
$Cust\_5_{i,t}$		-0.0180 *** (-7.05)		0.0138 *** (7.51)

续表

变量	被解释变量：$ROA_{i,t}$		被解释变量：$ROA\_sd_{i,t}$	
	(1)	(2)	(3)	(4)
$Lnsize_{i,t}$	0.0116***	0.0109***	-0.0071***	-0.0066***
	(19.36)	(18.21)	(-16.50)	(-15.32)
$Lnage_{i,t}$	0.0001	0.0005	0.0095***	0.0091***
	(0.05)	(0.31)	(8.22)	(7.97)
$SG_{i,t}$	0.0204***	0.0209***	0.0030***	0.0027***
	(18.17)	(18.65)	(3.76)	(3.30)
$Leverage_{i,t}$	-0.1293***	-0.1293***	0.0218***	0.0219***
	(-38.92)	(-39.10)	(9.10)	(9.17)
$MB_{i,t}$	0.0076***	0.0084***	0.0061***	0.0055***
	(3.21)	(3.56)	(3.57)	(3.23)
Industry	YES	YES	YES	YES
Year	YES	YES	YES	YES
Constants	-0.1585***	-0.1429***	0.1351***	0.1231***
	(-10.69)	(-9.56)	(12.61)	(11.41)
Observations	6161	6161	6161	6161
Adjusted R^2	0.289	0.295	0.080	0.088
F	79.28	79.00	17.72	19.04

注：*、**、*** 分别表示 10%、5% 以及 1% 水平上显著。

数据显示：无论是否控制客户集中度，第（1）列和第（2）列中，客户稳定性 Stable 指标的回归系数使用显著为正，第（3）列和第（4）列中，客户稳定性 Stable 指标的回归系数始终显著为负，这说明稳定的客户可以提高企业的盈利能力、降低企业的盈余波动性；第（2）列中，客户集中度指标的回归系数显著为负，第（4）列中，客户集中度指标的回归系数显著为正，这说明，当考虑客户稳定性时，客户集中度越高，企业的盈利能力越差，盈余波动性越强。这说明，纵向客户是否稳定更能反映企业与客户之间的供应链关系是良性的还是恶性的，当客户集中度较高，且关系较稳定持久时，客户才能对企业发挥正向的供应链整合效应。

本章小结

本章以 2007 年到 2016 年中国 A 股上市公司自愿披露了前五大客户具体名称的数据为研究样本，以是否前五大客户在过去一年出现次数的平均数、前五大客户在过去两年出现次数的平均数、前五大客户在过去三年出现次数的平均数、前五大客户在过去四年出现次数的平均数、前五大客户在过去五年出现次数的平均数作为客户稳定性的衡量指标，分析纵向客户关系对企业股价崩盘风险的影响。结果发现：（1）客户稳定性与企业的股价崩盘风险显著负相关，在经过更换客户稳定性衡量指标、替换股价崩盘风险衡量指标以及限定样本等稳健性检验后，该结论仍然成立。（2）进一步分析发现，当企业的客户集中度较高时，客户稳定性与企业股价崩盘风险之间的负相关关系更显著；当企业的股东制衡度较高时，客户稳定性与企业股价崩盘风险之间的负相关关系更显著。（3）作用机理研究表明，客户集中度难以提高企业的盈利能力，只有当企业与客户之间的关系较为稳定时，才能提升企业的盈余能力，降低企业的盈余波动性。

本章研究结论表明，纵向客户关系是影响供应链发挥何种效应的重要因素，单独看横向客户关系（客户集中度）较难捕捉真实的客户关系，即便客户集中度较高，也难以提升企业业绩，而当企业与客户的关系较为稳定时，才能发挥积极的治理效应，降低企业的股价崩盘风险。

第六章

客户盈利能力与企业股价崩盘风险

客户作为企业非常重要的利益相关者之一，能全方面影响企业的经营活动，因而可能对企业未来的盈利能力、股票价格，乃至股价崩盘风险产生重要影响。前面两个章节的实证研究表明由于客户对企业而言十分重要，客户集中度能发挥信号传递效应，客户稳定性能发挥治理效应，有利于降低所有者和管理者之间的信息不对称，进而降低股价崩盘风险。然而，客户究竟如何影响企业的股价崩盘风险？到目前为止，还不得而知。本章从客户具体特征角度出发，试图打开"客户与企业股价崩盘风险"这一黑匣子，进一步分析客户对企业股价崩盘风险的影响路径[①]。

在实践中，公司的盈利能力（ROA）往往被看作是财务报表中最能反映公司经营业绩

---

① 本章主体部分已发表在《经济管理》2018年第7期，论文题目为《支持抑或掠夺——客户盈余信息与供应商股价崩盘风险》。

和违约风险（Callen et al.，2009）的一个指标，能较为直接、全面地反映客户的基本信息。上市客户的盈利能力（ROA）经过注册会计师审计，具有很高可信度。

事实上，在现有"客户—供应商"关系文献中，学者们普遍认为供应链上的客户与供应商企业之间存在着密切的经济联系，并有不少文献研究发现主要客户的会计业绩是决定企业在资本市场表现的重要影响因素。例如，Hertzel et al.（2008）的研究发现，当客户破产时，供应商企业及其所在行业都可能面临负的股票回报，Pandit et al.（2011）与王雄元和高曦（2017）的实证研究都发现当客户发布季度盈余公告时，供应商企业的股票回报与客户的股票回报正相关。

客户对企业股价崩盘风险的影响具有两面性。客户既可能支持企业（王雄元等，2014）又可能压榨企业（Kim and Henderson，2015），既可能促进企业业绩增长又可能抑制企业发展（Patatoukas，2012；Irvine et al.，2016）。一方面，如果客户与企业协同发展，形成收益效应，那么客户有利于降低供应商企业股价崩盘风险，即盈利能力较强的客户对供应商企业股价崩盘风险具有积极的"支持效应"。另一方面，如果大客户不断挤压企业利润空间，形成风险效应，那么客户将会提高供应商企业股价崩盘风险，即盈利能力较强的客户对供应商企业股价崩盘风险具有消极的"掠夺效应"。客户盈利能力对供应商企业股价崩盘风险具有何种影响取决于客户对供应商企业发挥何种效应。

以2007年至2016年供应商企业及其客户均为中国A股上市公司的1507组"企业—客户—年度"样本，本章重点分析客户盈利能力（Cus_ROA）对供应商企业未来股价崩盘风险的影响及作用机理。对这个问题的深入探讨有利于打开"客户与企业股价崩盘风险"这一黑匣子，厘清客户与企业之间的关系。

第一节 理论分析与假设提出

一、有关股价崩盘风险的文献回顾

基于企业微观层面的研究认为,信息不对称背景下管理者隐藏坏消息的代理行为是导致股价崩盘风险的重要原因(Chen et al.,2001;Hutton et al.,2009)。具有职位晋升、商业帝国构建(Kothari et al.,2009)、股票行权需要(Kim et al.,2011)或超额薪酬(Xu et al.,2014)的高管有动机隐藏经营亏损等坏消息。而企业信息透明度越低,信息不对称程度越严重(Jin and Myers,2006;Hutton et al.,2009;潘越等,2011;Kim and Zhang,2015),管理者隐藏坏消息的空间也越大。当累积的坏消息达到一定阈值无法再隐藏时,会全部集中释放到市场,导致股价急剧下跌,最终崩盘。

部分文献认为有利于提高企业信息透明度的内外部决策能有效缓解股价崩盘风险。稳健的会计政策对坏消息的及时确认可降低管理者隐藏坏消息的空间,提升信息透明度(Kim and Zhang,2016)。某类特定信息的披露也能降低股价崩盘风险。叶康涛等(2015)研究发现完善的内部控制信息披露水平可提高企业的信息透明度,降低股价崩盘风险。宋献中等(2017)以全部上市公司为研究对象,发现相对于没有披露社会责任信息的企业而言,披露了社会责任信息的企业可通过信息效应和声誉保险效应降低股价崩盘风险。权小锋等(2015)以披露了社会责任信息的部分上市公司为研究对象,发现披露的得分越高,管理者越可能发生自利行为,股价崩盘风险也越大。而 Kim et al.(2014)

则发现社会责任感较强的公司往往倾向于增加公司透明度、减少坏消息的隐藏，进而降低股价崩盘风险。

也有学者发现利益相关者的行为能加剧或缓解股价崩盘风险。首先，随着第一大股东持股比例的提高，大股东更有动力监督管理层，维护中小股东利益，企业未来的股价崩盘风险显著下降（王化成等，2015）。而控股股东控制权的提升可能"掏空"上市公司，增加企业股价崩盘风险（沈华玉等，2017）。其次，相对于频繁变动的机构投资者而言，持续稳定的机构投资者能更好地发挥监督效应，减低股价崩盘风险（Callen and Fang，2013）。而机构投资者的羊群效应则会加剧股价崩盘风险（许年行等，2013）。再次，债务诉讼可以促使债务人约束和监督管理者，降低企业盈余管理程度、提高会计稳健性，进而降低股价崩盘风险（李小荣等，2014）。然后，较多的分析师关注可降低信息不对称对个股暴跌的影响（潘越等，2011），而分析师的乐观偏差则会增大股价崩盘风险（许年行等，2012）。最后，作为信息中介和公共监督的媒体可通过多次报道发挥积极的治理作用，减少股价崩盘风险（罗进辉和杜兴强，2014）。公司所在地的浓厚宗教氛围也可以通过控制管理者贪婪欲望、加强其自律行为的途径降低企业股价崩盘风险（曾爱民和魏志华，2017）。

二、有关客户重要性的文献回顾

作为重要利益相关者的客户能对供应商企业产生诸多影响。首先，客户能影响供应商企业的生产经营活动，进而影响其在产品市场的业绩表现。强势客户可要求较低的产品价格或较多的商业信用（Hill et al.，2012），甚至将存货管理压力转移给弱势方（Kulp，2002），进而损害企业利益，但与主要客户之间的信息共享或战略协同也能通过降低双方存货水平、减少销售费用、广告费用，提升经营效率和资产利用率来增加供应商企业利益（Patatoukas，2012）。为了维护良好的客户关系，企业可能进行更多专有性投资，持有更多现金（Itzkowitz，2013），甚至进行盈余管理以使客户相信其具有良好前景（Raman and Shahrur，2008；方红星和张勇，2016），但客户集中度也可以降低企业的成本粘性（Chang et al.，2015），减少股利支付（Wang，2012），进而改善企业在产品市场上的竞争力。

其次，客户能影响供应商企业的信用风险进而影响其在债务市场的表现。客户集中度越高，信用风险越大，企业不仅需要维持较高的债务水平（Kale and Shahrur，2007），且获得的银行贷款利率也越大（Campello et al.，2017），而与客户有战略联盟或专有化投资的企业可维持较低的债务水平（Banerjee et al.，2008）。若企业获得贷款的银行曾经给客户提供过贷款，那么从客户处获得的供应链知识有助于银行加深对供应商企业的了解，减少对供应商企业会计稳健性的需要（Gong and Luo，2014），降低提供的贷款利率和担保需求（Li and Yang，2011）。当客户盈利能力较强时，供应商企业未来的违约风险越低，获得的银行贷款越优厚（Kim et al.，2015）。此外，对客户的过度依赖可能引起供应商企业资产波动率过高而使得供应商企业发行的债券信用利差较大（王雄元和高开娟，2017）。

最后，客户的价值和风险能被资本市场识别进而影响供应商企业在股票市场的表现。客户集中度越高，企业股票回报率波动性越大（Mihov and Naranjo，2014），而具有大客户关系的企业不仅在股票二级市场上的定价更高（Gosman et al.，2004），也能降低IPO企业内在不确定性（Peng et al.，2018），增加IPO企业在一级股票市场上的价值和长期业绩（Johnson et al.，2010）。此外，由于客户和供应商企业之间的密切经济联系，客户的相关信息公告也能影响供应商的股价,Olsen and Dietrich (1985) 研究发现零售业的月度销售公告能影响供应商的股价,Pandit et al. (2011) 与王雄元和高曦 (2017) 的实证研究结果发现客户的季度盈余公告发布后,客户 CAR 与供应商企业的 CAR 之间显著正相关,Shahrur et al. (2005) 发现客户所在行业的股票回报引导着供应商行业的股票回报。即便不关注客户公告,单从供应商披露的客户名称是否明确(李丹和王丹,2016)、是否稳定(王雄元和彭旋,2016)等信息中投资者也能获得增量信息并反映在企业股市表现上。

以上研究表明,客户对企业而言是把双刃剑,既可能发挥"支持效应"利于供应商企业的发展,也可能发生"掠夺效应"损害企业业绩(王雄元等,2014;Kim and Henderson, 2015)。哪种效应占主导地位不仅与客户和供应商之间的关系性质和力量对比相关,更可能与客户的具体特征有关(王雄元和彭旋,2016)。当客户陷入财务困境时,会导致供应商的销售管理费用短期内上升、利润下降(Kolay et al., 2016),甚至股价下跌(Hertzel et al., 2008);当客户股价崩盘风险较大时,供应商也会面临较大的股价崩盘风险(彭旋和王雄元,2018);当客户发生财务重述时,供应商的贷款利差也相应增加约 11 个基准点(Files and Gurun, 2018)。而当客户的会计业绩较好时,供应商的信贷违约风险较低,获得的银行贷款更加优惠(Kim et al., 2015)。

三、研究假设的提出

客户盈利能力对供应商企业股价崩盘风险存在积极与消极两方面的影响,在积极的"支持效应"下客户盈利能力与企业股价崩盘风险负相关,而在消极的"掠夺效应"下客户盈利能力与企业股价崩盘风险正相关。

　　一方面，如果客户盈利的实现以供应链协调发展为前提，那么客户盈利能力对供应商企业股价崩盘风险可能具有积极的"支持效应"。从客户角度，支持供应商能让客户建立稳定的采购关系，能以较低价格获得高质量的商品，因此支持供应商的主要目的还是要提升自身盈利能力。从供应商角度，获得客户支持是其发展的重要支撑。从供应链交易角度看，相互支持并互利的良性关系，有利于实现供应链交易的利润最大化。但是关系较好时，突发事件可能对另一方猝不及防从而承受较大影响，因此供应链关系的双方都要防止自己对另一方的过分依赖，以及另一方突发不良事件可能造成的影响。当客户盈利能力较强时，可能会增强客户与企业之间的相互依赖关系，使得客户具有更强的动机支持和监督供应商。客户和企业往往通过签订一系列契约（如长期合约和战略联盟）或进行专有化投资来建立和维持密切经济联系（Raman and Shahrur，2008；Johnson et al.，2010）。关系破裂将使客户遭受巨大损失，因此客户有动机选择财务健康且质量可靠的供应商，并在建立关系后监督供应商（Albuquerque et al.，2010）。当客户盈利能力较强时，原料供应的突然切断将导致客户无法继续生产销售维持较高盈余，此时客户具有更强动机监督供应商行为。而当客户盈利能力较差时，"攘外必先安内"，此时客户可能需要将更多时间和精力放在企业内部，提升自身运营能力，以至于无暇顾及供应商。

　　从信息角度看，当客户盈利较高且与供应商企业关系较好时，供应商企业更可能披露更多信息。当客户盈利能力较强时，可向外界传递供应商企业具有优质客户、甚至其自身也较强的信号，因此供应商企业往往愿意披露更多客户相关，例如客户的具体名称、经营状况等信息。客户盈余较好往往意味着其未来可能会向企业采购更多的商品，因而供应商企业未来也可能获得较好业绩，供应商可能倾向于披露更多经营计划或盈余预测等方面的信息以向资本市场传递公司良好的未来前景（Kim et al.，2015）。因此盈利能力较强的客户可促使供应商企业进行更多自愿性信息，尤其是经营层面相关信息的披露，这将有利于投资者更充分及时地评估企业，降低供应商企业股价崩盘的可能性。盈利能力较强的客户更可能通过支持供应商企业并从供应链协调发展中获利，因而具有更强动机和能力支持供应商企业，有利于降低供应商企业的股价崩盘风险。

另一方面，如果客户盈余的实现以挤压供应商企业利润空间为前提，那么客户盈利能力对供应商企业股价崩盘风险可能具有消极的"掠夺效应"。从供应链交易角度看，客户价值导向思想意味着优质客户往往占据优势地位，失去优质客户意味着失去主要的价值，供应商对优质客户的依赖为客户挤压供应商获得利益成为可能，例如国美、苏宁这类大型电商平台曾经以收取进场费、赞助费以及占用供应商货款方式挤压供应商利润空间。因此如果客户的盈利建立在对供应商压迫的基础上，那么客户盈余的增加意味着优质客户的强势地位更强，更有能力压迫和掠夺供应商企业。比如，强势客户会要求弱势供应商企业以较低的价格提供商品，或要求弱势供应商企业提供较多的商业信用（Hill et al.，2012），进行较多的专有化投资（Itzkowitz，2013），甚至将存货管理压力转移给弱势供应商企业（Kulp，2002）。客户对供应商企业的这种压迫行为可能导致供应商企业经营利润下降等坏消息发生的可能性增加，为了吸引新客户维持企业发展，维护企业形象以及股价稳定，供应商企业更可能隐藏这些坏消息。

从信息角度看，当客户盈余很差时，或者盈余较高但与供应商关系不好时，供应商企业更可能隐藏信息。当客户盈余较差时，可能会向外界传递不好的信号，因为较差客户可能会削减其对未来产品或服务的需求（Pandit et al.，2011），甚至无力偿还供应商企业的商业信用等债务（Files and Gurun，2018）。当客户盈余较好且与供应商企业关系不好时，客户盈余建立在挤压供应商企业利润空间的基础上，客户盈余可能向市场传递供应商企业较弱势的不好信号，因此供应商企业更可能隐藏这些坏消息。而隐藏坏消息被认为是崩盘风险产生的根本原因，因此如果客户通过掠夺供应商企业获得更多利润，盈余较好的客户可能传递不好的信号，从而增大供应商企业的股价崩盘风险。

此外，供应商倾向于披露更多好消息而战略性地隐藏坏消息（Cen et al.，2016），以期能维持与重要客户的关系，这会导致供应商企业股价崩盘风险增加。但客户有动机有能力支持和监督供应商企业，以避免由于供应商隐藏坏消息而产生的不良后果，同时保障自身能获得稳定的材料供应与盈利，这会导致供应商企业股价崩盘风险降低。在支持效应占主导的情况下，客户更关注供应商企业的健康稳定，其对供应商企业隐藏坏消息的负面效应的容忍度更低。而且客户盈余对供应商企业信息具有验证效果，增加了供应商企业隐藏坏消息的难度，也有助于降低股价崩盘风险。

基于以上分析，提出本章的两个竞争性假说。

积极的"支持效应"假说 H1：客户盈利能力与供应商企业股价崩盘风险呈负相关关系。

消极的"掠夺效应"假说 H2：客户盈利能力与供应商企业股价崩盘风险呈正相关关系。

第二节 研究设计与模型

一、样本选择

由于非上市公司的盈利能力信息难以获得,参考 Hertzel et al. (2008) 的做法,本章选取供应商企业和客户均为上市公司的样本作为研究对象。本章仍然以 2007 年到 2016 年间 2616 家中国 A 股上市公司的 22547 个"企业—年度"样本为初始研究样本,并做了如下筛选:(1)从年度报告中手工收集前五大客户名称信息,其中共 7133 个样本披露了客户具体名称信息(不包括"第一名、第二名、第三名、第四名、第五名"或"客户 1、客户 2、客户 3、客户 4、客户 5"等类型的模糊名称信息披露);(2)将这些客户名称与 CSMAR 数据库中的股票名称或证券简称进行匹配,若完全一致,则认为其为上市公司,若未匹配成功,将名称逐一通过"百度"等网页搜索引擎二次确认其是否为上市公司①,共 1705 组企业和客户均为上市公司的"企业—年度—客户"样本;(3)为保持股价崩盘风险计算的可靠性,剔除股票交易周数小于 30 周的 178 组样本;(4)剔除 CEO 与董事长是否两职合一等其他控制变量缺失的 20 组样本。最终得到 1507 组客户为上市公司的"企业—年度—客户"样本。除

---

① 笔者通过"百度"网页搜索二次确认客户是否为上市公司。(1)输入"某公司(客户名称)",进入该公司官网查看其公司简介,确认其是否为上市公司;(2)输入"某公司(客户名称)股票代码",进入对应网站,确认该股票代码对应公司是否为指定客户;(3)输入"某公司(客户名称)是否为上市公司"等字样,根据弹出的网页进一步确认该客户是否为上市公司。

客户相关数据手工收集外,股票收益和财务数据等来自 CSMAR 数据库。为了消除极端值影响,笔者对所有变量按 1% 进行了 Winsorize 缩尾处理。具体样本选择过程见表 6-1。

表 6-1 样本筛选过程

A 股上市公司"企业—年度"样本	22547
披露了客户或供应商具体名称的"企业—年度"样本	7133
企业与客户均为上市公司的"企业—年度—客户"样本	1705
剔除股价崩盘风险数据缺失样本	178
剔除其他控制变量缺失样本	20
最终样本	1507

二、模型设计

参照 Chen et al.（2001）、Kim et al.（2011）、许年行等（2012）以及 Kim et al.（2015）等人的研究,设置如下模型（6-1）。

$$\mathrm{Ncskew}_{i,t+1}/\mathrm{Duvol}_{i,t+1} = \alpha_0 + \alpha_1 \mathrm{Cus\_ROA}_{i,t} + \alpha_2 \mathrm{Ncskew}_{i,t}/\mathrm{Duvol}_{i,t}$$
$$+ \alpha_3 \mathrm{Sigma}_{i,t} + \alpha_4 \mathrm{Ret}_{i,t} + \alpha_5 \mathrm{Turnover}_{i,t}$$
$$+ \alpha_6 \mathrm{Dual}_{i,t} + \alpha_7 \mathrm{MB}_{i,t} + \alpha_8 \mathrm{Leverage}_{i,t} + \varepsilon$$

（6-1）

$$R_{i,t} = \alpha_0 + \alpha_1 \times R_{m,t-2} + \beta_2 \times R_{m,t-1} + \beta_3 \times R_{m,t+1} + \beta_4 \times R_{m,t+2} + \varepsilon_{i,t}$$

（6-2）

$$W_{i,t} = \ln(1 + \varepsilon_{i,t})$$ （6-3）

$$\mathrm{Ncskew}_{i,t} = -[n(n-1)^{3/2} \sum W_{i,t}^3]/[(n-1)(n-2)(\sum W_{i,t}^2)^{3/2}]$$

（6-4）

$$\mathrm{Duvol}_{i,t} = \log\{[(n_{up}-1)\sum_{down} W_{i,t}^2]/[(n_{down}-1)\sum_{up} W_{i,t}^2]\}$$

（6-5）

其中，被解释变量为 Ncskew$_{i,t+1}$ 和 Duvol$_{i,t+1}$，分别为 i 企业 t+1 期的负收益偏态系数和股价收益上下波动率，反映 i 企业 t+1 年的股价崩盘风险。负收益偏态系数 Ncskew 越大，表示偏态系数负的程度越严重，股价崩盘风险也越大；收益上下波动率 Duvol 越大，说明收益分布更向左偏，股价崩盘风险也越大[①]（Kim et al.，2011）。

这两个被解释变量的计算方式与上一章节中股价崩盘风险的计算方式类似。具体计算过程如下：首先，通过模型（6-2）剔除市场因素对个股收益率的影响，计算个股收益中不能被市场收益率波动所解释的部分，即残差 $\varepsilon_{i,t}$。式中 $R_{i,t}$ 为每一年度股票 i 在第 t 周的收益，$R_{m,t}$ 为 A 股所有股票在第 t 周经流通市值加权的平均收益率[②]；其次，根据模型（6-3）计算股票 i 第 t 周经过市场调整后的收益率 $W_{i,t}$（即周特有收益率），式中 $\varepsilon_{i,t}$ 为根据方程（6-2）回归的残差；再次，根据模型（6-4）计算负收益偏态系数 Ncskew$_{i,t}$，式中 n 为股票 i 每年的交易周数，$W_{i,t}$ 为模型（6-3）计算的周特有收益率；最后，根据模型（6-5）计算收益上下波动比率 Duvol$_{i,t}$，式中 n_{up} 或 n_{down} 为股票 i 的特有收益率 $W_{i,t}$ 超过或低于当年回报率均值的周数。

主要解释变量为 Cus_ROA$_{i,t}$，是经所属行业调整后的客户盈利能力（Kim et al.，2015）。具体而言，本章用客户盈利能力，

---

① 此外，本章还用股价暴跌风险哑变量作为股价崩盘风险的稳健性检验指标，未报告的回归结果显示，虽然客户盈利能力与股价暴跌风险哑变量负相关，但不显著。可能的原因是当客户盈利能力较强时，虽然能一定程度上支持企业的运营活动，降低股价崩盘风险，但当企业陷入极端困境，客户对企业股价暴跌的防范和支持效应相对较弱。

② 方程（6-2）中加入市场收益 $R_{m,t}$ 的滞后项（$R_{m,t-1}$、$R_{m,t-2}$）和超前项（$R_{m,t+1}$、$R_{m,t+2}$）是为了调整股票非同步性交易的影响。

即客户经所属行业均值调整后的资产收益率（Cus_ROA$_{i,t}$）进行主回归；同时，用客户盈余波动性，即客户当年及前两年的盈余方差（Cus_ROA_sd$_{i,t}$）作为稳健性检验变量。客户盈利能力指标越大、客户盈利能力波动性越小，表明客户盈利能力越强。

主要控制变量如下：i 企业 t 期的负收益偏态系数（Ncskew$_{i,t}$）或股价收益上下波动率（Duvol$_{i,t}$）、i 企业 t 期的个股年平均周特有收益率（Ret$_{i,t}$）、i 企业 t 期的股票年周特有收益率的标准差（Sigma$_{i,t}$）、i 企业 t 期的股票月平均换手率（Turnover$_{i,t}$）、i 企业 t 期的市值账面比（MB$_{i,t}$）、i 企业 t 期的董事长与总经理是否两职合一（Dual$_{i,t}$）、i 企业 t 期的资产负债率（Leverage$_{i,t}$）。为避免行业和年度异质性的可能影响，本章还控制了行业和年度固定效应。变量定义见表 6 - 2。

表 6 - 2　　　　　　　　变量定义表

变量类型	变量符号	变量说明
被解释变量	Ncskew$_{i,t+1}$	i 企业 t + 1 期的股价崩盘风险，为该企业 t + 1 年的负收益偏态系数。该指标越大，表示企业 t + 1 期的股价崩盘风险越高。
	Duvol$_{i,t+1}$	i 企业 t + 1 期的股价崩盘风险，为该企业 t + 1 年的股价收益上下波动率。该指标越大，表示企业 t + 1 期的股价崩盘风险越高。
解释变量	Cus_ROA$_{i,t}$	i 企业 t 期的上市客户的盈利能力，用客户 t 年经行业均值调整后的资产收益率衡量。计算公式：Cus_ROA$_{i,t}$ = Cus_ROA$_{i,t}$ - mean（Cus_ROA$_t$），其中，mean（Cus_ROA$_t$）为客户所在行业所有公司的 ROA 平均值。该数值越大，说明客户的盈利能力越强。
	Cus_ROA_sd$_{i,t}$	i 企业 t 期的上市客户盈余波动性，用客户 t 年、t - 1 年和 t - 2 年的 ROA 标准差衡量。该数值越大，说明客户的盈余持续性越弱，盈利能力越差。

续表

变量类型	变量符号	变量说明
控制变量	$Ncskew_{i,t}$	i企业t期的股价崩盘风险,为该企业t年的负收益偏态系数。
	$Duvol_{i,t}$	i企业t期的股价崩盘风险,为该企业t年的股价收益上下波动率。
	$Ret_{i,t}$	i企业t期的平均收益,为该企业t年的平均周特有收益率。计算公式:Ret = mean(W_{it}),其中W_{it}为模型(6-3)计算出的周特有收益率。
	$Sigma_{i,t}$	i企业t期的收益波动,为该企业t年的周特有收益的标准差。计算公式:Sigma = sd(W_{it}),其中W_{it}为模型(6-3)计算出的周特有收益率。
	$Turnover_{i,t}$	i企业t期的月平均换手率,为该企业t年的月度平均换手率。
	$MB_{i,t}$	i企业t期的市值账面比,计算公式:(第t年末的股票价格×流通股数量+每股净资产×非流通股数量)/账面权益价值。
	$Leverage_{i,t}$	i企业t期的资产报酬率,计算公式:总负债/总资产。
	$Dual_{i,t}$	i企业t期的公司治理指标。哑变量,若该企业的CEO与董事长为同一人(两职合一),设值为1;否则为0。

第三节 实证结果与分析

一、描述性统计

表6-3的总样本的描述性统计显示:(1)供应商企业的未

来股价崩盘风险指标 $Ncskew_{i,t+1}$ 与 $Duvol_{i,t+1}$ 均值分别为 -0.2454 和 -0.1139，中位数分别为 -0.1928 和 -0.1142，标准离差分别为 0.9346 和 0.7795，接近于 1，说明样本中股价崩盘风险指标分布总体上较为合理；（2）客户的盈利能力指标 $Cus\_ROA_{i,t}$ 均值为 -0.0094，中位数为 -0.0071，均值和中位数接近，标准离差为 0.0616，说明不同公司之间客户盈余差异较大。

表 6-3 总样本的描述性统计

Variable	Number	Mean	Min	Median	SD	Max
$Ncskew_{i,t+1}$	1566	1507	-0.2751	-3.3678	-0.2016	0.9317
$Duvol_{i,t+1}$	1566	1507	-0.1449	-2.1339	-0.1256	0.7539
$Cus\_ROA_{i,t}$	1566	1507	-0.0057	-0.1997	-0.0065	0.0564
$Ncskew_{i,t}$	1566	1507	-0.2951	-2.7486	-0.2492	0.8950
$Duvol_{i,t}$	1566	1507	-0.2224	-2.3984	-0.2089	0.7605
$Sigma_{i,t}$	1566	1507	0.0532	0.0199	0.0497	0.0205
$Ret_{i,t}$	1566	1507	-0.0009	-0.0196	-0.0016	0.0073
$Turnover_{i,t}$	1566	1507	64.4151	4.7352	50.5213	49.1590
$Dual_{i,t}$	1566	1507	0.1891	0.0000	0.0000	0.3917
$MB_{i,t}$	1566	1507	0.3088	0.0008	0.2876	0.2807
$Leverage_{i,t}$	1566	1507	0.4212	0.0424	0.4182	0.2130

表 6-4 是主要变量按客户盈利能力 $Cus\_ROA_{i,t}$ 高低分组的描述性统计分析。若客户盈利能力 $Cus\_ROA_{i,t}$ 高于行业中位数，属于客户盈利能力较强组，否则属于客户盈利能力较弱组。分组样本的差异性检验结果显示：无论是均值 T 检验还是中位数 Z 值检验，"客户盈利能力较弱组"的供应商企业股价崩盘风险指标 $Ncskew_{i,t+1}$ 高于"客户盈利能力较强组"，这与本章预期基本吻合，即客户盈利能力较强，企业股价崩盘风险越低。但是两组之间的差异不显著，未报告的相关系数表也显示，客户盈利能力与企业股价崩盘风险负相关但不显著，这说明在考虑客户盈利能

力对企业股价崩盘风险影响时,需要控制其他可能的因素。

表 6-4　　　　　分组样本的差异性检验

变量	客户盈利能力较弱组			客户盈利能力较强组			差异性检验	
Variable	Number	Mean	Median	Number	Mean	Median	均值 T 检验	中位数 Z 检验
$Ncskew_{i,t+1}$	696	-0.2425	-0.1982	811	-0.3031	-0.2026	1.2608	1.011
$Duvol_{i,t+1}$	696	-0.1319	-0.1190	811	-0.1561	-0.1293	0.6200	0.620
$Cus\_ROA_{i,t}$	696	-0.0406	-0.0218	811	0.0242	0.0168	-27.1041***	-26.349***
$Ncskew_{i,t}$	696	-0.2676	-0.2589	811	-0.3187	-0.2332	1.1038	0.977

注:*、**、***分别表示10%、5%以及1%水平上显著。

二、基础回归

表 6-5 列示了客户盈利能力对供应商企业股价崩盘风险的基础回归结果。具体而言,第(1)和第(2)列为企业未来股价崩盘风险指标 $Ncskew_{i,t+1}$ 的回归结果,而第(3)和第(4)列为企业未来股价崩盘风险指标 $Duvol_{i,t+1}$ 的回归结果。其中,第(1)和第(3)列为单变量回归;第(2)和第(4)列为控制了企业特征后的回归。

表 6-5　　基础回归 客户盈利能力与企业未来股价崩盘风险

变量	被解释变量:企业股价负收益偏态系数 $Ncskew_{i,t+1}$		被解释变量:企业股价收益上下波动率 $Duvol_{i,t+1}$	
	单变量回归	控制企业特征	单变量回归	控制企业特征
	(1)	(2)	(3)	(4)
$Cus\_ROA_{i,t}$	-0.7152*	-0.8519**	-1.0812**	-1.3008***
	(-1.93)	(-2.33)	(-2.38)	(-2.91)
$Ncskew_{i,t}/Duvol_{i,t}$		0.0516		0.0836**
		(1.33)		(2.50)

续表

变量	被解释变量：企业股价负收益偏态系数 Ncskew$_{i,t+1}$		被解释变量：企业股价收益上下波动率 Duvol$_{i,t+1}$	
	单变量回归	控制企业特征	单变量回归	控制企业特征
	(1)	(2)	(3)	(4)
Sigma$_{i,t}$		3.5982** (2.17)		4.1612** (2.05)
Ret$_{i,t}$		14.5986*** (3.40)		22.1058*** (4.91)
Turnover$_{i,t}$		-0.0009 (-1.52)		-0.0015** (-2.10)
Dual$_{i,t}$		0.1568*** (3.08)		0.1730*** (2.78)
MB$_{i,t}$		0.3207*** (3.63)		0.4768*** (4.41)
Leverage$_{i,t}$		0.1215 (1.14)		0.1194 (0.92)
Industry	YES	YES	YES	YES
Year	YES	YES	YES	YES
Constant	0.0336 (0.12)	-0.4738 (-1.51)	0.0440 (0.13)	-0.5595 (-1.46)
Observations	1507	1507	1507	1507
Adjusted R^2	0.031	0.064	0.040	0.084
F	2.703	3.926	3.263	4.960

注：*、**、***分别表示10%、5%以及1%水平上显著。

第（1）和第（2）列的数据显示：无论是单变量回归还是控制企业特征回归，客户 t 期的盈利能力连续变量（Cus_ROA$_{i,t}$）与企业 t+1 期负收益偏态系数（Ncskew$_{i,t+1}$）的回归系数都为负且在1%或5%水平上显著。第（3）和第（4）列的数据显示：客户 t 期盈利能力连续变量（$Cus\_ROA_{i,t}$）与企业 t+1 期股价收益上下波动率（$Duvol_{i,t+1}$）的回归系数都为负且在 5% 水平上显著，也即客户盈利能力越强，企业的股价崩盘风险越低。这说明总体上客户对企业股价崩盘风险具有抑制作用，客户对供应商发挥了积极的"支持效应"，本章假设 1 得以验证。

在控制变量中，t 期持有平均收益率 $Ret_{i,t}$ 与股价崩盘风险两个变量显著正相关，说明当期持有收益越高也即投机越严重时，股价崩盘风险越大；公司治理变量两职合一 $Dual_{i,t}$ 与股价崩盘风险两个变量显著正相关，说明公司治理越差，股价崩盘风险越大；换手率与股价崩盘风险两个变量负相关，说明换手率越高，信息在市场中传递越多，股价崩盘风险越小。这与许年行等（2012）以及叶康涛等（2015）的研究结论基本一致。

三、稳健性检验

为了保证实证回归结果的可靠性，笔者进行了以下三类稳健性检验：第一，更换主要解释变量的计量方式；第二，控制企业和客户相关特征；第三，考虑中国特色因素。

（一）更换主要解释变量的计量方式

为了排除可能存在的计量偏误，笔者进一步用客户盈余波动性（$Cus\_ROA\_sd_{i,t}$）衡量客户盈利能力，当客户的盈余波动性较大时，意味着客户的盈余不具有可持续性，即风险较大，说明客户的盈利能力较弱。笔者用客户盈余波动性指标作为替代变量，重复表 6-5 的基础回归。表 6-6 列示了客户盈余波动性对企业股价崩盘风险的回归结果。同样，第（1）和第（2）列为企业未来股价崩盘风险指标 $Ncskew_{i,t+1}$ 的回归结果，而第（3）和第（4）列为企业未来股价崩盘风险指标 $Duvol_{i,t+1}$ 的回归结果。其中，第（1）和第（3）列为单变量回归；第（2）和第

(4) 列为控制了企业特征后的回归。

表 6-6 的第 (1) 至第 (4) 列的回归结果均显示：无论是单变量回归还是控制企业特征回归，客户 t 期的盈余波动性（$Cus\_ROA\_sd_{i,t}$）与企业 t+1 期负收益偏态系数（$Ncskew_{i,t+1}$）的回归系数都为正且在 1% 或 5% 水平上显著。这说明，客户 t 期的盈利能力越弱，企业 t+1 期股价崩盘风险越大。

表 6-6 稳健性检验 更换主要解释变量的计量方式

变量	被解释变量：企业负收益偏态系数 $Ncskew_{i,t+1}$		被解释变量：企业股价收益上下波动率 $Duvol_{i,t+1}$	
	单变量回归	控制企业特征	单变量回归	控制企业特征
	(1)	(2)	(3)	(4)
$Cus\_ROA\_sd_{i,t}$	0.1670* (1.89)	0.1624* (1.84)	0.1625** (2.26)	0.1606** (2.23)
$Ncskew_{i,t}/Duvol_{i,t}$		0.0704** (2.07)		0.0327 (0.83)
$Sigma_{i,t}$	3.7831* (1.83)	3.9113* (1.89)	3.1331* (1.86)	3.2003* (1.90)
$Ret_{i,t}$	15.8592*** (4.09)	20.8823*** (4.57)	10.9466*** (3.47)	13.4170*** (3.09)
$Turnover_{i,t}$	-0.0015** (-2.10)	-0.0014* (-1.88)	-0.0008 (-1.34)	-0.0008 (-1.25)
$Dual_{i,t}$	0.1681*** (2.63)	0.1720*** (2.69)	0.1649*** (3.17)	0.1660*** (3.19)
$MB_{i,t}$	0.5091*** (4.63)	0.4815*** (4.35)	0.3265*** (3.65)	0.3190*** (3.54)
$Leverage_{i,t}$	0.1234 (0.92)	0.1369 (1.02)	0.1221 (1.12)	0.1264 (1.16)
Industry	YES	YES	YES	YES
Year	YES	YES	YES	YES

续表

变量	被解释变量：企业负收益偏态系数 $Ncskew_{i,t+1}$		被解释变量：企业股价收益上下波动率 $Duvol_{i,t+1}$	
	单变量回归	控制企业特征	单变量回归	控制企业特征
	(1)	(2)	(3)	(4)
Constant	-0.5486 (-1.42)	-0.5668 (-1.47)	-0.4679 (-1.49)	-0.4672 (-1.49)
Observations	1454	1454	1454	1454
Adjusted R^2	0.084	0.086	0.070	0.070
F	4.913	4.906	4.228	4.126

注：*、**、*** 分别表示10%、5%以及1%水平上显著。

(二) 控制企业和客户相关特征

第一，参考 Xu et al. (2014) 和王化成等 (2015) 的研究，控制供应商企业董事会规模 ($Boardsize_{i,t}$) 和盈余管理 ($DACC\_abs_{i,t}$) 的影响。表6-7第 (1) 列进一步控制企业的公司治理和盈余管理变量，回归结果显示：客户 t 期盈利能力 $Cus\_ROA_{i,t}$ 与企业 t+1 期股价崩盘风险 $Duvol_{i,t+1}$ 显著负相关。

第二，控制客户规模 ($Cus\_Lnsize_{i,t}$)、年限 ($Cus\_Age_{i,t}$) 和资产负债率 ($Cus\_Leverage_{i,t}$) 等客户基本特征的影响。企业与客户之间的影响是双向的，表6-7第 (2) 列进一步控制基本的客户特征变量，回归结果显示：控制客户基本特征变量后，方程的 R^2 以及 F 值有所增加，但客户 t 期盈利能力 $Cus\_ROA_{i,t}$ 与企业 t+1 期股价崩盘风险 $Duvol_{i,t+1}$ 的回归系数有所减少，不过仍然显著负相关。

第三，控制客户与企业是否同一行业的可能影响。同行业企业的利润通常具有可预期性，客户盈利能力对供应商企业的信息效应会更弱。表6-7第 (3) 列进一步控制客户与企业是否在同一行业的哑变量（CS_SameInd$_{i,t}$），回归结果显示：客户 t 期盈利能力 Cus_ROA$_{i,t}$ 与企业 t+1 期股价崩盘风险 Duvol$_{i,t+1}$ 仍然显著负相关。

第四，排除本章结论是由于企业自身盈余导致的替代性假说。供应链上的双方可能一荣俱荣，一损俱损，也即客户盈利能力较强时通常企业盈利能力也较强，因此客户盈利能力对企业股价崩盘风险的影响其实是由于企业自身盈利能力的影响。为排除这种替代解释，表 6-7 第（4）列进一步控制企业自身盈利能力变量（ROA$_{i,t}$），回归结果显示：客户 t 期盈利能力 Cus_ROA$_{i,t}$ 与企业 t+1 期股价崩盘风险 Duvol$_{i,t+1}$ 仍然显著负相关。

表 6-7 稳健性检验 控制企业和客户相关特征

变量	被解释变量：企业股价收益上下波动率 Duvol$_{i,t+1}$			
	控制企业特征	控制客户特征	控制企业与客户是否同一行业	控制企业自身盈利能力
	(1)	(2)	(3)	(4)
Cus_ROA$_{i,t}$	-0.9369** (-2.52)	-0.8059** (-2.11)	-0.8365** (-2.29)	-0.7139* (-1.91)
Duvol$_{i,t}$	0.0405 (1.01)	0.0511 (1.32)	0.0530 (1.36)	0.0544 (1.40)
Sigma$_{i,t}$	2.6224 (1.51)	3.4783** (2.10)	3.5992** (2.17)	3.4011** (2.05)
Ret$_{i,t}$	16.8902*** (3.72)	14.8907*** (3.46)	14.9200*** (3.47)	15.7549*** (3.63)
Turnover$_{i,t}$	-0.0005 (-0.81)	-0.0010 (-1.62)	-0.0009 (-1.54)	-0.0010* (-1.71)
Dual$_{i,t}$	0.1463*** (2.74)	0.1455*** (2.85)	0.1579*** (3.10)	0.1581*** (3.10)

续表

变量	被解释变量：企业股价收益上下波动率 $Duvol_{i,t+1}$			
	控制企业特征	控制客户特征	控制企业与客户是否同一行业	控制企业自身盈利能力
	(1)	(2)	(3)	(4)
$MB_{i,t}$	0.3538 *** (3.92)	0.3318 *** (3.76)	0.3298 *** (3.72)	0.3333 *** (3.77)
$Leverage_{i,t}$	0.1142 (1.05)	0.1290 (1.21)	0.1267 (1.19)	0.0516 (0.46)
$Boardsize_{i,t}$	0.1773 (1.58)			
$DACC\_abs_{i,t}$	-0.1166 (-0.46)			
$Cus\_Lnsize_{i,t}$		-0.0278 *** (-2.61)		
$Cus\_Age_{i,t}$		-0.0299 (-0.61)		
$Cus\_Leverage_{i,t}$		0.0419 (0.33)		
$CS\_SameInd_{i,t}$			0.0539 (1.23)	
ROA				-0.6028 * (-1.83)
Industry				
Year	-1.1696 ** (-2.49)	0.1738 (0.43)	-0.4813 (-1.54)	-0.4464 (-1.42)
Constant	1440 0.064	1507 0.068	1507 0.064	1507 0.065
Observations	3.646	3.875	3.861	3.917
Adjusted R^2	-1.1696 **	0.1738	-0.4813	-0.4464
F	(-2.49)	(0.43)	(-1.54)	(-1.42)

注：*、**、*** 分别表示10%、5%以及1%水平上显著。

当被解释变量为企业股价的负收益偏态系数 $Ncskew_{i,t+1}$ 时，回归结果与被解释变量为股价收益上下波动率 $Duvol_{i,t+1}$ 时的回归结果无显著差异。以上结果均表明，在考虑了企业自身信息质量、公司治理、盈利能力等特征，或客户规模、年限、负债率，或者企业与客户同一行业等特征的情况下，客户盈利能力仍然对企业股价崩盘风险有着显著的影响。

（三）考虑中国特色因素

中国特色的影响因素可能会影响股价崩盘风险，虽然年度固定效应可以一定程度上消除这些因素的影响，但为了稳健起见，本章进一步控制既有文献发现中国特色因素的影响因素。

第一，考虑资金拉动或概念炒作等中国特色的股票炒作行为的影响。参考陈晓和秦跃红（2003）的做法，用股票在一年内的价格波动幅度来判断其是否有庄家操纵，若供应商企业股价波幅大于样本中位数，表示该企业股价波幅较大，可能存在庄家操纵行为，Maker 取值为 1 否则为 0。表 6-8 第（1）列进一步控制企业是否存在庄家操纵行为（$Maker_{i,t}$），回归结果显示：客户 t 期盈利能力 $Cus\_ROA_{i,t}$ 与企业 t+1 期股价崩盘风险 $Duvol_{i,t+1}$ 仍然显著负相关。

表 6-8　稳健性检验 考虑中国特色因素的影响

变量	被解释变量：企业股价收益上下波动率 $Duvol_{i,t+1}$				
	控制庄家操纵	控制国家政策	控制国际环境	控制股东背景	控制再融资需求
	（1）	（2）	（3）	（4）	（5）
$Cus\_ROA_{i,t}$	-0.8664** (-2.37)	-0.8519** (-2.33)	-0.8519** (-2.33)	-0.9357** (-2.57)	-0.8469** (-2.31)
$Duvol_{i,t}$	0.0496 (1.27)	0.0516 (1.33)	0.0516 (1.33)	0.0307 (0.79)	0.0517 (1.33)

续表

变量	被解释变量：企业股价收益上下波动率 Duvol$_{i,t+1}$				
	控制庄家操纵	控制国家政策	控制国际环境	控制股东背景	控制再融资需求
	(1)	(2)	(3)	(4)	(5)
Sigma$_{i,t}$	2.8373 (1.61)	3.5982** (2.17)	3.5982** (2.17)	3.3017** (2.00)	3.5658** (2.14)
Ret$_{i,t}$	14.6770*** (3.41)	14.5986*** (3.40)	14.5986*** (3.40)	11.0402** (2.53)	14.5849*** (3.39)
Turnover$_{i,t}$	-0.0008 (-1.38)	-0.0009 (-1.52)	-0.0009 (-1.52)	-0.0006 (-0.94)	-0.0009 (-1.41)
Dual$_{i,t}$	0.1582*** (3.10)	0.1568*** (3.08)	0.1568*** (3.08)	0.1452*** (2.86)	0.1565*** (3.07)
MB$_{i,t}$	0.3183*** (3.61)	0.3207*** (3.63)	0.3207*** (3.63)	0.3312*** (3.76)	0.3141*** (3.49)
Leverage$_{i,t}$	0.1317 (1.23)	0.1215 (1.14)	0.1215 (1.14)	0.1427 (1.34)	0.1197 (1.12)
Maker$_{i,t}$	0.0524 (1.26)				
STM$_{i,t}$		-0.0781 (-0.50)			
Institutional$_{i,t}$			0.0781 (0.50)		
Crsis				1.8272*** (4.08)	
SEO$_{i,t}$					0.0259 (0.38)
Industry Year	-0.4609 (-1.47)	-0.4738 (-1.51)	-0.5520** (-1.98)	-0.6463** (-2.05)	-0.4718 (-1.50)
Constant	1507 0.064	1507 0.064	1507 0.064	1504 0.073	1507 0.063

续表

变量	被解释变量：企业股价收益上下波动率 Duvol$_{i,t+1}$				
	控制庄家操纵	控制国家政策	控制国际环境	控制股东背景	控制再融资需求
	(1)	(2)	(3)	(4)	(5)
Observations	3.863	3.926	3.926	4.290	3.819
Adjusted R²	-0.8664**	-0.8519**	-0.8519**	-0.9357**	-0.8469**
F	(-2.37)	(-2.33)	(-2.33)	(-2.57)	(-2.31)

注：*、**、***分别表示10%、5%以及1%水平上显著。

第二，考虑国家政策的可能影响。参考褚剑和方军雄（2016）的做法，加入国家是否开通融资融券变量，以控制国家政策的可能影响，融资融券于2010年3月30日开通，笔者将2010年至2016年定义为融资融券开通期，SMT 设值为 1，2007年至2009年融资融券非开通期，SMT 设值为 0。表 6-8 第（2）列进一步控制国家政策（SMT$_{i,t}$），回归结果显示：客户 t 期盈利能力 Cus_ROA$_{i,t}$ 与企业 t+1 期股价崩盘风险 Duvol$_{i,t+1}$ 仍然显著负相关。

第三，考虑国际环境的影响。参考梁琪和余峰燕（2014）的做法，加入全球是否面临金融危机变量，以此控制国际环境的可能影响。2007年为金融危机爆发时期，为此，笔者将2007年到2010年定义为金融危机时期，Crisis 设值为 1，2011年到2016年为后金融危机时期，Crisis 设值为 0。表 6-8 第（3）列进一步控制金融危机（Crisis$_{i,t}$），回归结果显示：客户 t 期盈利能力 Cus_ROA$_{i,t}$ 与企业 t+1 期股价崩盘风险 Duvol$_{i,t+1}$ 仍然显著负相关。

第四，考虑股东背景的影响。参考曹丰等（2015）的做法，加入机构投资者持股变量，以此控制股东背景的可能影响。笔者用 Wind 数据库中证券投资基金、QFII、券商、保险公司、社保基金、信托、财务公司和银行等股东的持股比例之和作为机构投资者持股比例 Institutional。表 6-9 第（4）列进一步控制股东背景（Institutional$_{i,t}$），回归结果显示：客户 t 期盈利能力 Cus_ROA$_{i,t}$ 与企业 t+1 期股价崩盘风险 Duvol$_{i,t+1}$ 仍然显著负相关。

表 6-9 "支持效应"检验：客户议价能力

变量	被解释变量：企业股价收益上下波动率 Duvol$_{i,t+1}$			
	客户排名靠前组	客户排名靠后组	客户销售占比较高组	客户销售占比较低组
	（1）	（2）	（3）	（4）
Cus_ROA$_{i,t}$	-1.1834**	-0.5773	-1.1503**	-0.6390
	(-2.45)	(-0.97)	(-2.24)	(-1.21)
Duvol$_{i,t}$	0.0392	0.0507	0.0204	0.0705
	(0.81)	(0.75)	(0.39)	(1.18)
Sigma$_{i,t}$	6.3451***	-0.6292	6.0425***	0.5953
	(2.93)	(-0.23)	(2.68)	(0.24)
Ret$_{i,t}$	11.9924**	17.7414**	11.2258*	18.9384***
	(2.28)	(2.29)	(1.97)	(2.86)
Turnover$_{i,t}$	-0.0015**	0.0000	-0.0012	-0.0000
	(-2.11)	(0.00)	(-1.56)	(-0.03)
Dual$_{i,t}$	0.0984	0.2887***	0.0752	0.2688***
	(1.56)	(3.23)	(1.06)	(3.57)
MB$_{i,t}$	0.2748**	0.4470***	0.3082**	0.2703**
	(2.57)	(2.79)	(2.53)	(2.06)
Leverage$_{i,t}$	0.0109	0.3606*	-0.0752	0.3292**
	(0.08)	(1.90)	(-0.50)	(2.10)
Industry	YES	YES	YES	YES
Year	YES	YES	YES	YES

续表

变量	被解释变量：企业股价收益上下波动率 $Duvol_{i,t+1}$			
	客户排名靠前组	客户排名靠后组	客户销售占比较高组	客户销售占比较低组
	(1)	(2)	(3)	(4)
Constant	-0.5287 (-1.44)	0.1397 (0.17)	-0.5025 (-1.25)	-0.6217 (-1.21)
Observations	967	540	794	713
Adjusted R^2	0.061	0.059	0.067	0.073
F	2.788	1.960	2.621	2.712

注：*、**、*** 分别表示10%、5%以及1%水平上显著。

第五，考虑企业配资的影响。参考俞鸿琳（2011）的做法，加入企业的再融资需求，以此控制配资的可能影响。若企业当年有配股行为，或有新股的定向增发和公开增发，可认为企业当年有再融资需求，SEO设值为1；否则，认为企业当年没有再融资需求，SEO设值为0。表6-9第（5）列进一步控制再融资需求（$SEO_{i,t}$），回归结果显示：客户t期盈利能力 $Cus\_ROA_{i,t}$ 与企业t+1期股价崩盘风险 $Duvol_{i,t+1}$ 仍然显著负相关。

当被解释变量为企业股价的负收益偏态系数 $Ncskew_{i,t+1}$ 时，回归结果与被解释变量为股价收益上下波动率 $Duvol_{i,t+1}$ 时的回归结果无显著差异。上述结果均显示：控制中国特色因素的可能影响后，客户盈利能力与企业股价崩盘风险仍然显著负相关。

上述结论证实了本章基础回归结论的稳健性，同时也稳健地说明客户对企业发挥了支持效用，即客户盈余对企业股价崩盘风险具有抑制作用。

第四节 影响机制分析

客户对企业股价崩盘风险的影响可能存在"支持效应",也可能存在"掠夺效应",基础回归结果显示,平均而言,盈利能力较强的客户主要对供应商企业发挥"支持效应"。具体如何影响?"掠夺效应"是否完全不存在?本小节对这两个问题进行进一步检验。

一、"支持效应"检验

"支持效应"假说指出,随着客户盈利能力的增加,客户有更强动机和能力支持和监督供应商行为,降低管理者自利行为空间,可缓解管理者与所有者之间的代理问题,进而降低股价崩盘风险。当客户议价能力较高时,客户具有更强动机监督供应商(Albuquerque et al.,2010),因此当客户议价能力较高时,客户盈利能力与企业未来股价崩盘风险之间的负相关关系将更加显著。

笔者用客户排名和客户销售占比两个指标衡量客户的议价能力,当客户排名在前3位时,可认为客户议价能力较强,否则,可认为客户议价能力较弱;当客户销售占比高于样本中位数时,可认为客户议价能力较强,否则,可认为客户议价能力较弱。

笔者将样本按照客户议价能力分为强弱两组进行回归。表6-9第(1)和第(3)列为客户议价能力较强组的子样本回归,第(2)和第(4)列为客户议价能力较弱组的子样本回归,回归结果显示:客户t期盈利能力$Cus\_ROA_{i,t}$与企业$t+1$期股价崩盘风险$Duvol_{i,t+1}$的显著负相关关系主要体现在客户排名靠前组以及客户销售占比较高组。具体而言，在客户排名靠前组以及客户销售占比较高组，即客户议价能力较弱组，$Cus\_ROA_{i,t}$ 的系数为负但不显著；而在客户议价能力较强组，$Cus\_ROA_{i,t}$ 的系数为负且在5%水平显著。

当被解释变量为企业股价的负收益偏态系数 $Ncskew_{i,t+1}$ 时，回归结果与被解释变量为股价收益上下波动率 $Duvol_{i,t+1}$ 时的回归结果无显著差异。这说明客户盈利能力较高时，客户具有较强动机支持供应商，缓解管理者与所有者之间的代理冲突，进而降低股价崩盘风险。这支持了"支持效应"假说。

二、"掠夺效应"检验

"掠夺效应"假说指出，当客户在供应链中占强势地位，且不以供应链协调发展为前提时，客户往往会通过转移存货压力或占用商业信用等行为掠夺供应商，挤压供应商企业的利润空间。因此当客户"掠夺"可能性较高时，客户盈利能力与企业股价崩盘风险应显著正相关。

笔者用客户的存货周转率和应付账款周转率两个指标衡量客户对供应商企业"掠夺"可能性的高低，当客户的存货周转率高于样本中位数时，可认为客户"掠夺"可能性较低，否则，可认为"掠夺"可能性较高；当客户的应付账款周转率高于样本中位数时，可认为客户"掠夺"可能性较低，否则，可认为"掠夺"可能性较高。

笔者将样本按照客户"掠夺"可能性的高低分为两组进行回归。表6-10第（1）和第（3）列为客户"掠夺"可能性较低的子样本回归，第（2）和第（4）列为客户"掠夺"可能性较高的子样本回归。回归结果显示：客户t期盈利能力 $Cus\_ROA_{i,t}$ 与企业t+1期股价崩盘风险 $Duvol_{i,t+1}$ 的显著负相关关系主要体现在客户存货周转率较高组以及客户应付账款周转率较高组。具体而言，在客户存货周转率较高组以及客户应付账款周转率较高组，也即客户"掠夺"可能性较低组，$Cus\_ROA_{i,t}$ 的系数显著为负，而在客户"掠夺"可能性较高组，$Cus\_ROA_{i,t}$ 的系数为负但不显著。

当被解释变量为企业股价的负收益偏态系数 $Ncskew_{i,t+1}$ 时，回归结果与被解释变量为股价收益上下波动率 $Duvol_{i,t+1}$ 时的回归结果无显著差异。虽然并未在第（2）和第（4）列发现客户盈利能力对供应商企业具有明显"掠夺效应"（显著正相关）的证据，但 $Cus\_ROA_{i,t}$ 显著负相关关系显著性的消失，甚至变成正相关，这说明，在此组中，客户盈利能力对供应商企业股价崩盘风险的"掠夺效应"明显增加，基本抵消了"支持效应"。

表6-10 "掠夺效应"检验：客户关系好坏

变量	被解释变量：企业股价收益上下波动率 $Duvol_{i,t+1}$			
	客户存货周转率较高	客户存货周转率较低	客户应付账款周转率较高	客户应付账款周转率较低
	（1）	（2）	（3）	（4）
$Cus\_ROA_{i,t}$	-1.4205*** (-2.65)	0.0213 (0.04)	-1.5076*** (-2.76)	-0.1308 (-0.25)
$Duvol_{i,t}$	0.0775 (1.31)	-0.0196 (-0.32)	0.0680 (1.16)	-0.0266 (-0.43)
$Sigma_{i,t}$	3.1742 (1.19)	6.4727** (2.50)	3.7123 (1.47)	4.4926* (1.68)
$Ret_{i,t}$	19.7148*** (2.91)	7.0735 (1.04)	16.5113** (2.42)	10.2046 (1.50)
$Turnover_{i,t}$	-0.0012 (-1.34)	-0.0019* (-1.93)	-0.0024** (-2.51)	-0.0008 (-0.82)

续表

变量	被解释变量：企业股价收益上下波动率 Duvol$_{i,t+1}$			
	客户存货周转率较高	客户存货周转率较低	客户应付账款周转率较高	客户应付账款周转率较低
	(1)	(2)	(3)	(4)
Dual$_{i,t}$	0.2582*** (3.43)	0.0436 (0.52)	0.1745** (2.39)	0.1306 (1.49)
MB$_{i,t}$	0.3863*** (3.01)	0.3070** (2.17)	0.4751*** (3.72)	0.1960 (1.38)
Leverage$_{i,t}$	0.2452 (1.51)	-0.0490 (-0.30)	0.2927** (1.97)	-0.2675 (-1.54)
Industry	YES	YES	YES	YES
Year	YES	YES	YES	YES
Constant	-0.7455* (-1.86)	0.0486 (0.08)	-0.5063 (-1.26)	-0.7150 (-1.21)
Observations	713	604	711	608
Adjusted R^2	0.066	0.052	0.071	0.051
F	2.445	1.999	2.545	1.995

注：*、**、***分别表示10%、5%以及1%水平上显著。

第五节 基于供应链关系的进一步分析

为了更加全面展示客户盈利能力对供应商企业股价崩盘风险的影响，笔者还进行了以下三方面的进一步分析：第一，基于信息透明度的进一步分析；第二，基于客户与供应商企业关系稳定性的进一步分析；第三，基于盈余波动性的进一步分析。

一、基于信息透明度的进一步分析

客户盈利能力较强且与企业关系较好时，企业往往更愿意披露更多与客户或企业未来经营活动有关的信息，缓解企业与市场上投资者之间的信息不对称问题，进而降低企业的股价崩盘风险。而客户盈利能力较差，或者客户盈利能力较强且与企业关系不好时，企业更可能隐藏消息，进而提高企业的股价崩盘风险。因而，信息透明度是影响企业股价崩盘风险的重要因素。

当客户信息透明度较低时，通过公开获取的客户信息准确度相对较低，不利于评估企业未来的股价，此时即便客户盈利能力（Cus_ROA）较高，其对企业未来预测的作用可能也相对较弱；同样的，若企业信息透明度较低，投资者利用客户盈利能力（Cus_ROA）对其未来盈利能力和股价进行预测的难度也将增大，此时客户盈利能力（Cus_ROA）与企业的股价崩盘风险之间的负相关关系应较弱。相反，当客户或企业信息透明度较高时，客户盈利能力（Cus_ROA）与企业的股价崩盘风险之间的负向关系可能更显著。

笔者用修正 Jones 模型计算的盈余管理程度衡量客户和企业的信息透明度，当企业的内部盈余管理程度高于样本中位数时，可认为企业的信息透明度较低，否则，可认为企业的信息透明度较高；当客户的内部盈余管理程度高于样本中位数时，可认为客户的信息透明度较低，否则，可认为客户的信息透明度较高。

笔者将样本按照盈余管理分为高低两组进行回归。表 6-11 第（1）和第（3）列为盈余管理较高组的子样本回归，第（2）和第（4）列为盈余管理较低组的子样本回归，回归结果显示：客户 t 期盈利能力 $Cus\_ROA_{i,t}$ 与企业 t+1 期股价崩盘风险 $Duvol_{i,t+1}$ 的显著负相关关系主要体现在盈余管理较低组。具体而言，在客户盈余管理较低以及企业盈余管理较高组，$Cus\_ROA_{i,t}$

的系数为负但不显著；而在客户盈余管理较低以及企业盈余管理较低组，$Cus\_ROA_{i,t}$ 的系数为负且在 5% 或 1% 水平显著。

表 6-11　　　进一步分析：信息透明度

变量	被解释变量：企业股价收益上下波动率 $Duvol_{i,t+1}$			
	客户盈余管理较高组	客户盈余管理较低组	企业盈余管理较高组	企业盈余管理较低组
	(1)	(2)	(3)	(4)
$Cus\_ROA_{i,t}$	-0.3491	-1.1837**	-0.2929	-1.6842***
	(-0.63)	(-2.34)	(-0.59)	(-3.03)
$Duvol_{i,t}$	-0.0088	0.0924*	0.1124**	-0.0100
	(-0.15)	(1.71)	(2.01)	(-0.18)
$Sigma_{i,t}$	5.6344**	2.7100	2.5857	5.3892**
	(2.38)	(1.08)	(1.13)	(2.16)
$Ret_{i,t}$	3.0531	23.1984***	17.9335***	13.3517**
	(0.49)	(3.60)	(2.99)	(2.09)
$Turnover_{i,t}$	-0.0003	-0.0017*	0.0004	-0.0030***
	(-0.31)	(-1.88)	(0.52)	(-3.26)
$Dual_{i,t}$	0.2168***	0.1097	0.1245*	0.1905**
	(2.95)	(1.52)	(1.75)	(2.56)
$MB_{i,t}$	0.2321*	0.3883***	0.2390**	0.4552***
	(1.87)	(3.04)	(1.99)	(3.41)
$Leverage_{i,t}$	0.0399	0.1341	0.2933*	-0.0740
	(0.26)	(0.84)	(1.93)	(-0.48)
Industry	YES	YES	YES	YES
Year	YES	YES	YES	YES
Constant	-0.5589	-0.4793	-0.6830	-0.3594
	(-1.17)	(-1.13)	(-1.12)	(-0.93)
Observations	711	796	817	690
Adjusted R^2	0.049	0.078	0.046	0.093
F	2.169	2.915	2.181	3.015

注：*、**、*** 分别表示 10%、5% 以及 1% 水平上显著。

当被解释变量为企业股价的负收益偏态系数 $Ncskew_{i,t+1}$ 时，回归结果与被解释变量为股价收益上下波动率 $Duvol_{i,t+1}$ 时的回归结果无显著差异。这说明当客户或企业的盈余管理程度较低、客户盈利能力较高时，客户对企业股价崩盘风险的"支持效应"更强。

二、基于客户与企业关系稳定性的进一步分析

稳定客户有利于稳定供应链，使得企业具有更高收益和收益稳定性（Gosman et al., 2004）。客户关系稳定意味着客户与供应商企业具有长期供销关系，而关系不稳定则意味着两者之间的交易持续性较弱，关系容易断裂，因而关系是否稳定意味着合作或风险。因而，客户盈利能力（Cus_ROA）与企业股价崩盘风险之间的负相关关系还可能受到两者关系密切程度的影响。

当客户和企业关系持续时间较长时，其信息价值可靠性更高，客户盈利能力（Cus_ROA）对企业未来股价的预测作用可能也较强，客户盈利能力（Cus_ROA）与企业股价崩盘风险之间的负向关系增强。相反，当"客户—供应商"关系密切程度较低时，客户盈利能力与企业股价崩盘风险之间关系的显著性很可能下降。

参考 Li and Yang（2011）的研究，笔者采用客户以前年度是否为企业前五大客户，和客户上一年是否为企业前五大客户两个指标衡量客户与供应商的关系是否稳定。客户以前年度或上一年出现过，可认为客户与企业之间的关系稳定，否则，可认为客户与企业之间的关系不稳定。

笔者将样本按照关系稳定与否分为两组进行回归。表 6-12 第（1）和第（3）列为客户关系稳定组的子样本回归，第（2）和第（4）列为客户关系不稳定组的子样本回归。结果显示：客户盈利能力 $Cus\_ROA_{i,t}$ 与股价崩盘风险的显著负相关关系主要体现在客户以前年度为前五大组以及客户上一年度仍为前五大组。具体而言,在客户关系不稳定组,客户盈利能力 Cus_ROA$_{i,t}$的回归系数虽然为负但不显著;而在客户关系稳定组,客户盈利能力 Cus_ROA$_{i,t}$的回归系数为负且在1%水平上显著。

表6-12　　　　　　　进一步分析:关系稳定度

变量	企业股价收益上下波动率 Duvol$_{i,t+1}$			
	客户以前年度为前五大	客户以前年度不为前五大	客户上一年度为前五大	客户上一年度不为前五大
	(1)	(2)	(3)	(4)
Cus_ROA$_{i,t}$	-1.3671***	-0.4607	-1.3671***	-0.4607
	(-2.64)	(-0.88)	(-2.64)	(-0.88)
Duvol$_{i,t}$	0.0768	0.0040	0.0768	0.0040
	(1.43)	(0.07)	(1.43)	(0.07)
Sigma$_{i,t}$	2.9208	2.5183	2.9208	2.5183
	(1.23)	(1.07)	(1.23)	(1.07)
Ret$_{i,t}$	19.9339***	9.3327	19.9339***	9.3327
	(3.24)	(1.52)	(3.24)	(1.52)
Turnover$_{i,t}$	-0.0001	-0.0017**	-0.0001	-0.0017**
	(-0.11)	(-2.05)	(-0.11)	(-2.05)
Dual$_{i,t}$	0.1007	0.1639**	0.1007	0.1639**
	(1.37)	(2.27)	(1.37)	(2.27)
MB$_{i,t}$	0.1981	0.3532***	0.1981	0.3532***
	(1.52)	(2.87)	(1.52)	(2.87)
Leverage$_{i,t}$	0.2488	-0.0245	0.2488	-0.0245
	(1.64)	(-0.16)	(1.64)	(-0.16)
Industry	YES	YES	YES	YES
Year	YES	YES	YES	YES
Constant	-0.5214	-0.0332	-0.5214	-0.0332
	(-1.29)	(-0.07)	(-1.29)	(-0.07)
Observations	760	747	760	747
Adjusted R^2	0.076	0.074	0.076	0.074
F	2.890	2.715	2.890	2.715

注:*、**、*** 分别表示10%、5%以及1%水平上显著。

当被解释变量为企业股价的负收益偏态系数 $Ncskew_{i,t+1}$ 时，回归结果与被解释变量为股价收益上下波动率 $Duvol_{i,t+1}$ 时的回归结果无显著差异。这说明客户与企业之间的稳定关系可强化客户盈余与股价崩盘风险之间的负相关关系。

三、基于盈余波动性的进一步分析

较小的波动性意味着企业的盈余较为稳定，持续性和可预测性较强，反之，较大的波动性则意味着企业的盈余较难持续，可预测性降低。基础回归的客户盈余能力仅考虑了客户当年的盈利能力，并未考虑其波动性，若客户盈利能力波动性较大，即便当年 ROA 较高，其下一年的 ROA 很可能大幅波动，那么其对企业盈利能力的提升也可能有限；相反，若客户盈利能力波动性较小，其未来延续较高盈利能力的可能性也较大，其对股价崩盘风险的负向作用应更明显。同样的，企业盈利波动性大小也会对客户盈利能力的预测作用产生影响，当企业盈利波动性较小时，往往表示其盈利持续性较强，那么客户较高的 ROA 对其未来盈利能力产生正向影响的可能性更大；反之，则影响较弱。

参考王雄元和彭旋（2016）的研究，笔者采用客户或企业当年及前两年的 ROA 方差作为盈余波动性衡量指标。若客户三年 ROA 的方差高于样本中位数，可认为客户的盈余波动性较大，否则，可认为客户的盈余波动性较小；若企业三年的 ROA 高于样本中位数，可认为企业的盈余波动性较大，否则，可认为企业的盈余波动性较小。

笔者将样本按照盈余波动性分为高低两组进行回归。表 6-13 第（1）和第（3）列为盈余波动性较小组的子样本回归，第（2）和第（4）列为盈余波动性较大组的子样本回归。结果显示：客户盈利能力 $Cus\_ROA_{i,t}$ 与股价崩盘风险的显著负相关关系主要体现在客户或企业的盈余波动性较小组。具体而言，在盈余波动性较大组，客户盈利能力 $Cus\_ROA_{i,t}$ 的回归系数虽然为负但不显著；而在盈余波动性较小组，客户盈利能力 $Cus\_ROA_{i,t}$ 的回归系数为负且在1%或5%水平上显著。

表6-13 进一步分析：盈余波动性

变量	被解释变量：企业负收益偏态系数 $Ncskew_{i,t+1}$			
	客户ROA波动性较小	客户ROA波动性较大	企业ROA波动性较小	企业ROA波动性较大
	(1)	(2)	(3)	(4)
$Cus\_ROA_{i,t}$	-1.7529**	-0.5953	-2.0158***	-0.0426
	(-2.37)	(-1.21)	(-3.38)	(-0.08)
$Ncskew_{i,t}$	0.0556	0.0017	0.0154	-0.0069
	-1.13	-0.04	-0.32	(-0.14)
$Sigma_{i,t}$	2.1347	6.8821**	-2.505	9.0281***
	-0.71	-2.1	(-0.77)	-2.94
$Ret_{i,t}$	15.0707**	24.4963***	29.6217***	10.0015
	-2.28	-3.55	-4.07	-1.6
$Turnover_{i,t}$	-0.2098*	-0.0602	-0.1716	-0.1064
	(-1.90)	(-0.52)	(-1.34)	(-1.04)
$Dual_{i,t}$	0.1389	0.2239***	0.1325	0.2583***
	-1.45	-2.69	-1.43	-3.12
$MB_{i,t}$	0.2611*	0.1658	0.3289**	0.0644
	-1.68	-1.07	-2.01	-0.44
$Leverage_{i,t}$	-0.1439	0.2136	-0.1243	0.1232
	(-0.79)	-1.14	(-0.60)	-0.72
Industry	YES	YES	YES	YES
Year	YES	YES	YES	YES
Constant	-0.4166	-0.3869	-0.2196	-0.349
	(-0.74)	(-0.52)	(-0.38)	(-0.49)
Observations	782	784	812	754
Adjusted R^2	0.049	0.085	0.078	0.072
F	2.18	3.197	3.01	2.878

注：*、**、***分别表示10%、5%以及1%水平上显著。

当被解释变量为企业股价的负收益偏态系数 $Ncskew_{i,t+1}$ 时，回归结果与被解释变量为股价收益上下波动率 $Duvol_{i,t+1}$ 时的回归结果无显著差异。这说明客户或企业的盈余波动性会弱化客户盈余与股价崩盘风险之间的负相关关系。

本章小结

本章试图探究客户与企业股价崩盘风险关系的内在作用机理。从客户盈利能力（Cus_ROA）这一最具信息含量的财务指标出发，分析其与企业股价崩盘风险之间的关系。

利用中国 1507 组企业和客户均为上市公司的"企业—客户—年度"样本（供应链数据），结果发现：（1）客户盈利能力（Cus_ROA）可降低供应商企业股价崩盘风险，说明客户盈利能力对企业股价崩盘风险总体上具有积极的"支持效应"；（2）影响路径分析发现，当客户具有更高谈判力时，客户盈利能力对供应商企业股价崩盘风险发挥"支持效应"；而即便是在客户很可能压榨供应商企业时，也没有发现客户盈利能力对股价崩盘风险具有"掠夺效应"的明显证据；（3）进一步分析表明，客户盈利能力与企业股价崩盘风险之间的负相关关系在客户或企业的信息透明度较高、客户与企业关系较为稳定以及客户或企业的盈余波动性较弱时才显著。

本章研究不仅打开了"客户与企业股价崩盘风险"关系的黑匣子，丰富了股价崩盘风险相关文献，为股价崩盘风险的防范机制研究提供了新的方向，同时也为客户对企业的影响提供了新的经验证据。具体而言，本章的研究结论对监管层、投资者、客户企业和供应商企业都具有重要的现实意义。对于监管层而言，本章研究表明客户具体信息对理解和防范上市公司的价值和风险具有重要意义,然而目前我国证监会对上市公司的客户名称等具体信息的披露并非强制要求。因而,监管层可进一步加强上市公司关于客户和供应商等信息,尤其是客户具体名称披露的相关规定,以保证投资者能更加合理地评估上市公司的风险。对于投资者而言,本章研究表明具有较高盈余质量客户的企业崩盘风险更低,投资者除了关注上市公司自身的财务状况外,还应关注上市公司的下游客户的财务状况等信息,以对上市公司进行全面了解,及早防范风险,降低损失。对于供应商企业而言,本章研究表明,当企业与客户之间的关系趋于良性时,双方关系更加持久稳定,企业风险也更小。因而,企业应以良性供应链关系的建立为前提,不可目光短浅。对于客户企业而言,本章研究表明,客户的支持可降低供应商企业的股价崩盘风险,可持续稳定地获得"物美价廉"的原材料供应商。因而,客户应积极主动参与供应商活动,加强过程中的支持和监督,不可一味"掠夺"上游供应商。

第七章

客户股价崩盘风险对企业的溢出效应

本章继续打开黑匣子,探讨客户具体特征如何影响企业股价崩盘风险。与第六章探讨客户盈利能力(Cus_ROA)这一综合性财务指标不同,本章从供应链信息溢出效应角度,研究当客户股价崩盘风险较高时,这种较高的风险在供应链上是否具有溢出效应?如果确实存在溢出效应,那么企业与客户之间关系的稳定程度是否会增加溢出效应的程度?企业又该如何应对?①

溢出效应是指那些生产或消费对其他团体强征了不可补偿的成本或给予了无需补偿的收益的情形,也称外部性。具体而言,供应链信息的溢出效应是指客户行为在供应链上对企业产生的额外影响。本章重点关注客户股价崩盘风险是否对企业具有溢出效应,而客户股价崩

---

① 本章主体部分已发表在《财经研究》2018 年第 2 期,论文题目为"客户股价崩盘风险对供应商具有传染效应吗?"。

盘风险是一种负面效应,当负面消息或不良事件在关系范围内溢出时,又称之为传染效应(Leitner,2005)。

Garleanu et al.(2015)认为不良事件在关系范围内不可避免地具有溢出效应(外部性),而股价崩盘危及股市健康、投资者财富与实体经济,并可能诱发经济危机(Jin and Myers,2006),其风险很难被分散与制止(An and Zhang,2013),因此股价崩盘风险也可能在供应链关系上存在溢出效应。客户与供应商间的利益共同体关系能减轻双方财务压力(Kale and Shahrur,2007)、改善供应管理效率(Gosman and Kohlbeck,2009)、促进产业链整合和信息共享(Itzkowitz,2013),有助于降低企业股价崩盘风险。但供应链关系也会使双方在面对灾难时无法独善其身,一方企业遭受的困境也必将波及供应链上的另一方企业,当客户发生股价崩盘风险时,由于与企业存在密切关系,也必将祸及供应链上游的企业,因此客户股价崩盘风险在供应链上可能存在溢出效应。

进一步地,客户与企业关系越密切,关系转换成本越高,上述溢出效应越强。若一方企业严重依赖于另一方,一旦交易中断,依赖方企业将面临较高的机会成本(Gosman et al.,2004)。尤其当客户与企业之间的专有化程度较高时,中止关系将使专有化投资失去价值,面临高昂的转换成本(Titman and Wessels,1988)。再者,企业与客户是良性关系时,会在客户面临灾难时携手并进。总之,客户与企业的关系越密切,两者同步性越强(Ute,1991),企业越不可能通过中止关系规避客户股价崩盘风险,客户股价崩盘风险对企业的溢出效应可能越强。

本章继续用企业与客户均为上市公司的"企业—客户—年度"样本进行实证分析,重点检验客户股价崩盘风险对企业的溢出效应。对这个问题的深入探讨有利于从另一侧面打开"客户与企业股价崩盘风险"这一黑匣子,让读者更加清楚客户与企业关系的作用机理。

第一节 理论分析与假设提出

一、有关溢出效应的文献回顾

溢出效应又称外部性,是指那些生产或消费对其他团体强征了不可补偿的成本或给予了无需补偿的收益的情形。当某些公司发生不良事件时,与之有关联的其他公司也会出现负面信息(Leitner, 2005),这种现象也被称为传染效应,属于溢出效应的特殊情况。部分溢出效应文献关注同行业之间的溢出:Gleason et al. (2008) 研究发现,某企业财务重述会引起同行业其他非重述企业的股价下跌;Bereskin and Cicero (2013) 研究发现,当 Delaware 州的某些公司受法案影响增加 CEO 薪酬时,出于对优秀 CEO 人才失去风险的考量,行业内其他 Delaware 州公司以及非 Delaware 州公司也相继增加了 CEO 薪酬;Mistrulli (2011) 研究发现,某家银行的财务危机会引发其他银行也陷入财务危机。

部分文献关注有共同第三方参与的溢出效应:当债权人的其中一个债务人发生债务危机时,债权人出于对更大债务风险的担忧而减少放贷,可能导致其他债务人也陷入债务危机 (Oh, 2013);当一个企业发生财务重述时,具有相同董事的其他企业也可能进行盈余管理 (Chiu et al., 2013);当一个客户出现财务重述时,由同一审计机构审计的其他客户盈余质量较低的概率更高 (Francis and Michas, 2013)。

也有文献关注供应链上的溢出效应：当客户陷入财务困境时，供应商的股价也会随之下跌（Hertzel et al.，2008）；客户盈余公告发布后，供应商股价的市场反应与客户股价反应正相关（Pandit et al.，2011；王雄元和高曦，2017）；客户所在行业的股票回报能引导供应商行业的股票回报（Cohen and Frazzini，2008）。

以上研究表明，溢出效应可以理解为溢出源在溢出路径上对关联企业的负面影响，其中不良事件为溢出源，常见溢出源包括财务重述、债务危机以及经营风险等；公司间的某种关联为溢出途径，常见溢出路径包括相同的董事、审计机构以及行业等；常见负面影响包括股价下跌以及盈余管理或风险增大等。但现有文献尚未研究"股价崩盘风险"这一重要不良事件可能带来的溢出效应。本章基于"供应商—客户"关系链条，探讨客户股价崩盘风险在供应链上的溢出效应，有利于更深入理解客户与供应商企业股价崩盘风险之间的关系。

二、客户与企业关系性质对溢出效应的影响

作为直接影响企业营业收入和营业成本的因素，销售与采购环节对企业而言极为重要。而频繁的供销行为将会使得供应商和客户之间产生"一荣俱荣、一损俱损"的利益共同体关系（Ute，1991）。当客户发布盈余公告时，不仅客户的股价会对盈余作出反应，而且供应商企业的股价也会对盈余作出反应（Olsen and Dietrich，1985），并且供应商企业股价的市场反应与客户股价反应正相关（Pandit et al.，2011；王雄元和高曦，2017）；而当客户陷入财务困境时，供应商企业的股价也会随之下跌（Hertzel et al.，2008）。也就是说，当一方业绩较好时，另一方面也可能有较好的市场表现，而当一方遭受困难时也可能会波及供应链上的另一方。客户股价崩盘风险主要是由于客户刻意隐瞒负面消息造成的（Jin and Myers，2006），供应商企业无法预知因而可能会遭受波及。因此，当客户股价崩盘风险较高时，可能会祸及与之关系密切的供应商。而且依据溢出效应文献的定义，客户发生股价崩盘风险这一不良事件时，由于供应商企业与客户基于交易或供应链关系的缘故，供应商企业也很可能发生股价崩盘风险，并且客户与供应商企业之间的关系越稳定，这种溢出效应越强。

当然，企业也可以通过中断关系以规避客户股价崩盘风险的影响，但旧关系的中止会产生大量沉没成本，新关系的建立又会产生大量转换成本，如果这些成本大于因承受客户股价崩盘风险的溢出效应而产生的损失，企业可能会选择继续维持关系并承受客户股价崩盘风险的波及。而且由于股价崩盘风险是股价持续下跌的趋势，企业发觉客户股价可能存在崩盘风险并作出反应需要时间，即使是重新寻找客户也需要时间与成本，等待可能导致产品积压和市场份额的减少，因此企业股价可能遭受客户股价崩盘风险的牵连。

基于以上分析，提出本章假设一：

H1：客户股价崩盘风险对供应商具有溢出效应，即客户股价崩盘风险与企业股价崩盘风险显著正相关。

客户与供应商的关系越密切，两者一荣俱荣、一损俱损的同步性越强（Ute，1991）。王雄元和高曦（2017）的研究表明，企业向某个客户的销售金额占企业向所有客户销售总金额的比例越大、客户向某个企业的采购金额占其向所有企业采购总金额的比例越大，客户对盈余公告的市场反应与企业股价市场反应之间的正相关关系越强。因此，任何能增加两者关系紧密度的因素，比如客户与供应商之间的依赖度越高、专有性越强、关系越稳定，客户股价崩盘风险对企业的溢出效应越强。

首先，客户与企业之间的关系越相互依赖，客户股价崩盘风险对企业的溢出效应越强。一方企业对于另一方企业很重要甚至严重依赖于另一方时，中止关系将产生巨大的负面效应或机会成本，以致不能中止关系，一方企业的股价崩盘风险对另一方企业的溢出效应就越强。企业对客户的依赖度越高，资产周转速度与资金回收速度越低（Patatoukas，2012），现金流量风险越高，越可能陷入财务困境（Wang，2012；Dhaliwal et al.，2013）。若主要客户突然中断与企业的交易，将导致供应商的销售金额、现金流量和经营利润大幅下降（Hertzel et al.，2008；Albuquerque et al.，2013；Dhaliwal et al.，2014），影响企业的经营风险和财务状况（Maksimovic and Titman，1991），甚至引发财务危机（Gosman et al.，2004）这些分析表明，客户与企业的依赖性越高，中止关系的成本越高，企业越难与客户中止关系，关系的延续将使得其承受客户股价崩盘风险的波及，客户股价崩盘风险对企业的溢出效应越强。

其次，客户与企业关系越专有，客户股价崩盘风险对企业的溢出效应越强。专有化投资能促进上下游企业间的整合，改善供应商管理效率，降低存货、管理费用、广告费用与销售费用，从而提高企业盈利水平（Gosman and Kohlbeck，2009），因此企业会鼓励下游客户或上游供应商对自己进行专有化投资，如专有设备、信息共享等（Raman and Shahrur，2008）。但专有化投资的价值取决于企业未来发展前景，企业未来交易规模越大，上下游从专有化投资中获得的未来收益越高。当企业对某些客户专有化投资较高时，失去这些客户会对企业产生毁灭性打击，反之企业破产也会使客户专有化投资失去价值，并面临高昂的转换成本（Patatoukas，2012）。如果企业生产销售耐用品，供需双方的专用性资产或专有化投资较高,改变供需关系将面临较高的转换成本,因此耐用品会增强供需双方的相互依赖性(Titman and Wessels, 1988)。在企业与客户的博弈过程中,强势方更可能妥协,进行耐用品交易的供应商或客户会主动降低负债率,向对方显示自身健康的财务状况,以维护双方的密切关系(Banerjee et al., 2008),同时客户利用自身优势地位要挟企业的动机也会弱化。这些分析表明,客户与企业的专有性越高,中止关系的成本越高,企业越难通过中止关系规避客户股价崩盘风险,而需要延续关系并承受客户股价崩盘风险的波及,客户股价崩盘风险对企业的溢出效应越强。

再次,客户与企业之间的关系越稳定,客户股价崩盘风险对企业的溢出效应越强。相对于非国有企业而言,国有企业和国有客户之间的关系可能更加稳定。第一,国有企业通常受到政府对其的诸多干预,国有企业之间进行交易可能是政府行为,国有企业甚至没有选择或中止与某个国有企业交易的自由,尤其在一些国家限制非国有企业进入或非国有企业不愿意进入的领域,因此国有产权性质的客户与企业间的关系更稳定;第二,我国相当一部分国有企业在上市前都隶属于政府,在上市后可能仍然会继续保持与同一集团内部其他交易主体之间的购销关系,因此,国有企业和国有客户之间可能存在关联关系,这种关联关系导致的供应链关系可能更加稳定;第三,Banerjee et al. (2008)研究发现,相对于其他类型的大客户而言,当大客户是政府部门时,供应商更少担忧其货款无法收回而产生经营风险,也就是说,国有背景的企业更容易获得对方的信任,当企业和客户之间均为国有企业时,相互之间的信任会使得两者之间的关系更加稳定持久。这种稳定的关系会使得国有产权性质的客户发生股价崩盘风险时,国有产权性质的企业无法中止关系以规避风险,而不可避免地遭受其股价崩盘风险的波及。但非国有企业间以及不同产权性质企业间的客户与企业关系可能更多的是市场自由选择的结果,稳定性也相对较弱,当客户发生股价崩盘风险时,企业可权衡利弊选择中止关系以规避风险,因此受股价崩盘风险的影响相对有限。即国有企业与国有客户之间的溢出效应更强。此外,当客户从企业处获得的商业信用越多时,往往意味着企业在建立或维系与客户之间的关系时已投入大量成本,这些沉没成本导致企业较难随时切断与客户的供销关系,两者之间的溢出效应应更强。

基于以上分析,提出本章假设二:

H2:客户与供应商关系越依赖、越专有、越稳定,客户股价崩盘风险对供应商的溢出效应越强。

第二节 研究设计与模型

一、样本选择

与上一章节类似,在研究客户股价崩盘风险对企业的溢出效应时需要客户的股价崩盘风险数据,而只有上市公司的股价崩盘风险数据可以获得,非上市公司的股价崩盘风险数据无法获得,为此,本章选取企业和客户均为上市公司的"企业—客户—年度"样本作为本章节的主要研究对象,即以2007年到2016年1705组企业和客户为上市公司的"企业—客户—年度"样本为起点。由于计算股价崩盘风险时需删除股票交易周数小于30周的样本以排除企业上市、退市、停牌等因素的影响,依次剔除无法获得企业股价崩盘风险数据的147组"企业—客户—年度"样本,无法获得客户股价崩盘风险数据的52组"企业—客户—

年度"样本,企业特征方面控制变量缺失的 209 组 "企业—客户—年度"样本,客户特征方面控制变量缺失的 37 组 "企业—客户—年度"样本,最终得到 1260 组 "企业—客户—年度"样本。为了消除极端值的影响,笔者对所有变量按 1% 做 Winsorize 缩尾处理。前五大客户数据手工收集,其他财务数据等主要来源于 CSMAR 数据库。

二、模型设计

参照 Chen et al.(2001)、Kim et al.(2011)、许年行等(2012)以及 An and Zhang(2013)等人的研究设置模型(7-1)以验证假设 1。

$$\text{Duvol}_{i,t}/\text{Crash}_{i,t} = \alpha_0 + \alpha_1 \text{Cus\_Duvol}_{i,t}/\text{Cus\_Crash}_{i,t} + \alpha_2 \text{Duvol}_{i,t-1}$$
$$+ \alpha_3 \text{Sigma}_{i,t-1} + \alpha_4 \text{Ret}_{i,t-1} + \alpha_5 \text{Turnover}_{i,t-1}$$
$$+ \alpha_6 \text{Dual}_{i,t-1} + \alpha_7 \text{MB}_{i,t-1} + \alpha_8 \text{Leverage}_{i,t-1}$$
$$+ \alpha_9 \text{Cus\_Dual}_{i,t-1} + \alpha_{10} \text{Cus\_MB}_{i,t-1}$$
$$+ \alpha_{11} \text{Cus\_Leverage}_{i,t-1} + \varepsilon \quad (7-1)$$

其中,被解释变量为 $\text{Duvol}_{i,t}$ 和 $\text{Crash}_{i,t}$,分别为 i 企业 t 期的股价收益上下波动率和股价暴跌风险哑变量,反映供应商企业未来的股价崩盘风险。主要解释变量为 $\text{Cus\_Duvol}_{i,t}$ 和 $\text{Cus\_Crash}_{i,t}$,分别为 i 企业对应上市客户的 t 期股价收益上下波动率和股价暴跌风险。收益上下波动率 Duvol 越大,说明收益分布更向左偏,股价崩盘风险越大;股价暴跌风险哑变量 Crash 为 1,说明企业在该年发生过暴跌时间,即企业的股价崩盘风险越大(Kim et al.,2011)。此外,本章还用负收益偏态系数 Ncskew 和不同口径的股价暴跌风险哑变量 Crash2 做稳健性检验。

股价崩盘风险的计算方式与前面章节的计算方式类似。具体计算过程如下:首先,通过模型(7-2)剔除市场因素对个股收益率的影响,计算个股收益中不能被市场收益率波动所解释的部分,即残差 $\varepsilon_{i,t}$。式中 $R_{i,t}$ 为每一年度股票 i 在第 t 周的收益,$R_{m,t}$ 为 A 股所有股票在第 t 周经流通市值加权的平均收益率;其次,根据模型(7-3)计算股票 i 第 t 周经过市场调整后的收益率 $W_{i,t}$(即周特有收益率),式中 $\varepsilon_{i,t}$ 为根据模型(7-2)回归的残差;然后,根据模型(7-4)计算收益上下波动比率 $Duvol_{i,t}$,式中 n_{up} 或 n_{down} 为股票 i 的特有收益率 $W_{i,t}$ 超过或低于当年回报率均值的周数;再次,根据模型(7-5)计算负收益偏态系数 $Ncskew_{i,t}$,式中 n 为股票 i 每年的交易周数,$W_{i,t}$ 为模型(7-3)计算的周特有收益率;最后,根据模型(7-6)计算股价暴跌风险哑变量 Crash(罗进辉和杜兴强,2014)根据模型(7-7)计算另一口径的股价暴跌风险哑变量 Crash2(李志生等,2015),式中 $Ret_{i,t}$ 为股票 i 的年平均周特有收益率,$Sigma_{i,t}$ 为股票 i 的周特有收益率的年标准差。

$$R_{i,t} = \alpha_0 + \alpha_1 \times R_{m,t-2} + \beta_2 \times R_{m,t-1} + \beta_3 \times R_{m,t+1} + \beta_4 \times R_{m,t+2} + \varepsilon_{i,t} \quad (7-2)$$

$$W_{i,t} = \ln(1 + \varepsilon_{i,t}) \quad (7-3)$$

$$Duvol_{i,t} = \log\left\{\left[(n_{up} - 1)\sum_{down} W_{i,t}^2\right] / \left[(n_{down} - 1)\sum_{up} W_{i,t}^2\right]\right\} \quad (7-4)$$

$$Ncskew_{i,t} = -\left[n(n-1)^{3/2}\sum W_{i,t}^3\right] / \left[(n-1)(n-2)\left(\sum W_{i,t}^2\right)^{3/2}\right] \quad (7-5)$$

$$W_{i,t} < Ret_{i,t} - 3.09 Sigma_{i,t} \quad (7-6)$$

$$W_{i,t} < Ret_{i,t} - 2.33 Sigma_{i,t} \quad (7-7)$$

主要控制变量如下:i 企业 t-1 期的股价收益上下波动率

($Duvol_{i,t-1}$)、i 企业 t-1 期的个股年平均周特有收益率（$Ret_{i,t-1}$）、i 企业 t-1 期的股票年周特有收益率的标准差（$Sigma_{i,t-1}$）、i 企业 t-1 期的股票月平均换手率（$Turnover_{i,t-1}$）、i 企业 t-1 期的两职合一情况（$Dual_{i,t-1}$）、i 企业 t-1 期的市值账面比（$MB_{i,t-1}$）、i 企业 t-1 期的资产负债率（$Leverage_{i,t-1}$）。此外，为了控制客户其他特征的可能影响，笔者还控制了以下主要客户特征：i 企业的上市客户 t-1 期的两职合一情况（$Cus\_Dual_{i,t-1}$）、i 企业的上市客户 t-1 期的市值账面比（$Cus\_MB_{i,t-1}$）、i 企业的上市客户 t-1 期的资产负债率（$Cus\_Leverage_{i,t-1}$），为避免行业和年度异质性的可能影响，本章也控制了行业和年度固定效应。

笔者按照供应链关系性质对方程（7-1）进行分组回归以验证假设 2。第一，参考既有文献用企业销售给客户的金额占供应商营业收入的比例衡量企业对客户的依赖程度，用客户从企业处采购的金额占其营业成本的比例衡量客户对企业的依赖程度（Gosman and Kohlbeck，2009；王雄元和高曦，2017），占比越高，依赖性越强，客户与供应商关系越稳定，客户股价崩盘风险在供应链上的溢出效应越强，即客户 t 期股价崩盘风险与企业 t 期股价崩盘风险之间的显著正相关关系应该主要体现在依赖性较强组。第二，参考既有文献用研发费用衡量专有化投资（Ellis et al.，2012），研发费用越高，关系专有性越强，客户股价崩盘风险在供应链上的溢出效应越强，即客户 t 期股价崩盘风险与企业 t 期股价崩盘风险之间的显著正相关关系应该主要体现在专有性投资较多组。第三，一般认为国有企业间的客户与企业关系更加稳定，客户享有的商业信用越多，即客户的应付账款越多，双方之间的关系更稳定，客户股价崩盘风险在供应链上的溢出效应越强，即客户 t 期股价崩盘风险与企业 t 期股价崩盘风险之间的显著正相关关系应该主要体现在企业和客户均为国有企业组或客户占有企业商业信用较多组。

第三节 实证结果与分析

一、描述性统计

表 7-1 的变量描述性统计显示：（1）i 企业 t 年的股价上下波动率指标 $Duvol_{i,t}$ 的均值为 -0.2069，表明其股价波动风险较大，且该数值与中位数较接近，标准差接近 1，说明样本分布较为合理，i 企业 t 年的股价暴跌风险指标 $Crash_{i,t}$ 为 0.1238，中位数为 0，表明 12.38% 的样本发生过至少一次股价暴跌风险。i 企业的上市客户 t 年的股价上下波动率指标 $Cus\_Duvol_{i,t}$ 的均值为 -0.1535，股价暴跌风险指标 $Cus\_Crash_{i,t}$ 为 0.0714，中位数为 0，表明 7.14% 的样本发生过至少一次股价暴跌风险，低于企业股价暴跌风险的概率；（2）客户股价崩盘风险总体上小于企业股价崩盘风险，符号相同，且未报告的相关系数表显示客户股价崩盘风险与企业股价崩盘风险正相关，与笔者的预期一致。

表 7-1　　　　　　主要变量描述性统计

Varibale	Number	Mean	Min	Median	Sd	Max
$Duvol_{i,t}$	1260	-0.2069	-2.1286	-0.2038	0.7338	1.6369
$Crash_{i,t}$	1260	0.1238	0.0000	0.0000	0.3295	1.0000
$Cus\_Duvol_{i,t}$	1260	-0.1535	-2.1956	-0.2031	0.7512	1.6895

续表

Varibale	Number	Mean	Min	Median	Sd	Max
$Cus\_Crash_{i,t}$	1260	0.0714	0.0000	0.0000	0.2576	1.0000
$Duvol_{i,t-1}$	1260	-0.1804	-2.2336	-0.1467	0.7281	1.6650
$Sigma_{i,t-1}$	1260	0.0532	0.0178	0.0506	0.0202	0.1289
$Ret_{i,t-1}$	1260	-0.0015	-0.0201	-0.0022	0.0071	0.0243
$Turnover_{i,t-1}$	1260	0.6358	0.0474	0.4886	0.4927	2.4911
$Dual_{i,t-1}$	1260	0.1722	0.0000	0.0000	0.3777	1.0000
$MB_{i,t-1}$	1260	0.3223	0.0008	0.3288	0.2794	0.8417
$Leverage_{i,t-1}$	1260	0.4408	0.0471	0.4461	0.2099	0.9538
$Cus\_Dual_{i,t-1}$	1260	0.1190	0.0000	0.0000	0.3240	1.0000
$Cus\_MB_{i,t-1}$	1260	0.2337	0.0000	0.0822	0.2778	0.8957
$Cus\_Leverage_{i,t-1}$	1260	0.6039	0.1089	0.6085	0.1978	0.9486

二、基础回归

(一)假设一的基础回归

表7-2列示了客户股价崩盘风险在供应链上是否具有溢出效应的基础回归结果。第(1)和第(2)列为股价崩盘风险指标$Duvol_{i,t}$的回归结果,而第(3)和第(4)列为股价崩盘风险指标$Crash_{i,t}$的回归结果。其中,第(1)和第(3)列仅为单变量回归结果;第(2)和第(4)列为控制了企业及客户基本特征与行业及年度固定效应后的回归结果。数据显示:无论是单变量回归还是同时控制企业与客户基本特征回归,客户股价崩盘风

险 Cus_Duvol$_{i,t}$ 或 Cus_Crash$_{i,t}$ 都与企业股价崩盘风险 Duvol$_{i,t}$ 或 Crash$_{i,t}$ 显著正相关，即客户股价崩盘风险对企业具有溢出效应。本章假设1初步得以验证。

表7-2 假设一的基本回归 客户股价崩盘风险是否对企业具有溢出效应

变量	企业股价崩盘风险 Duvol$_{i,t}$		企业股价崩盘风险 Crash$_{i,t}$	
	单变量回归	控制企业及客户特征	单变量回归	控制企业及客户特征
	（1）	（2）	（3）	（4）
Cus_Duvol$_{i,t}$ 或 Cus_Crash$_{i,t}$	0.0909*** (3.32)	0.0593** (2.05)	0.0701* (1.95)	0.0607* (1.68)
Duvol$_{i,t-1}$		-0.0005 (-0.01)		
Sigma$_{i,t-1}$		2.5593 (1.44)		1.0937 (1.38)
Ret$_{i,t-1}$		10.0465** (2.28)		1.4466 (0.98)
Turnover$_{i,t-1}$		-0.0647 (-1.05)		0.0105 (0.38)
Dual$_{i,t-1}$		0.0373 (0.65)		0.0174 (0.67)
MB$_{i,t-1}$		0.2758*** (2.90)		0.0353 (0.82)
Leverage$_{i,t-1}$		0.0569 (0.49)		0.0396 (0.75)
Cus_Dual$_{i,t-1}$		0.1573** (2.41)		0.0196 (0.67)
Cus_MB$_{i,t-1}$		-0.1010 (-1.23)		-0.0621* (-1.67)

续表

变量	企业股价崩盘风险 Duvol$_{i,t}$		企业股价崩盘风险 Crash$_{i,t}$	
	单变量回归	控制企业及客户特征	单变量回归	控制企业及客户特征
	(1)	(2)	(3)	(4)
Cus_Leverage$_{i,t-1}$		-0.0574 (-0.50)		0.0477 (0.93)
Industry	NO	YES	NO	YES
Year	NO	YES	NO	YES
Constant	-0.1930*** (-9.18)	-0.0993 (-0.27)	0.1188*** (12.35)	0.3059* (1.82)
Observations	1260	1260	1260	1260
Adjusted R^2	0.008	0.048	0.002	0.039
F	10.99	2.660	3.789	2.398

注：*、**、*** 分别表示10%、5%以及1%水平上显著。

横向比较，第（2）列的 Adjusted R^2 大于第（1）列（分别为0.048和0.008）；第（4）列的 Adjusted R^2 大于第（3）列（分别为0.039和0.002），即同时控制企业及客户基本特征与行业及年度固定效应时方程的解释力度较强，因而，后续对假设二的进行分组检验时，以第（2）列和第（4）列的回归为基础进行。

（二）假设二的基础回归

供应链上客户股价崩盘风险的传染效应受客户与企业之间的关系性质影响。企业与客户关系越密切，成本及业绩的关联性越强，两者一荣俱荣、一损俱损（Ute，1991）。客户与供应商的关系之间的关系越紧密，越稳定，当客户发生股价崩盘风险时，沿着供应链传染给供应商的可能性越大，溢出效应越强。为此，本小节按照双方依赖度、专有化投资、关系稳定与否等三个方面进行分组检验。

1. 双方依赖度对客户股价崩盘风险溢出效应的影响。双方依赖度是衡量客户与供应商企业关系紧密程度的一种方式。如果客户与供应商关系中的一方企业严重依赖于另一方企业，一旦交易中断，依赖方企业的销售将大幅降低并面临较大经营风险甚至引发财务危机，此外被依赖方企业可能凭借强势议价能力挤压依赖方企业的利益空间（Gosman et al.，2004）。同样，一方企业发生的股价崩盘风险必将祸及另一方企业，尤其当被依赖方企业发生股价崩盘风险时，依赖方企业受到的影响可能更大。笔者按企业 t 年的销售占比的中位数或客户 t 年的采购占比的中位数将样本分为高占比组和低占比组，占比越高，其对另一方企业的依赖性越高，客户与供应商企业之间的关系越稳定。

表 7-3 列示了按照占比高低进行分组回归的结果①，数据显示：客户股价崩盘风险 $Cus\_Duvol_{i,t}$ 与企业股价崩盘风险 $Duvol_{i,t}$ 的显著正相关关系只存在于采购或销售占比较高组，说明客户与企业的依存度越高，供应链上客户股价崩盘风险对企业的溢出效应越强。相反，在采购或销售占比较低组，客户股价崩盘风险 $Cus\_Duvol_{i,t}$ 与企业股价崩盘风险 $Duvol_{i,t}$ 正相关但并不显著，说明当交易双方对彼此都无足轻重时，一方企业股价崩盘风险即使波及另一方企业也可忽略不计。当股价崩盘风险用暴跌风险哑变量 Crash 衡量时，回归结果无显著性差异。本章假设 2 得到初步验证。

---

① 样本中有 7 家公司无企业的销售占比信息或无客户的采购占比信息，笔者将缺失样本删除后进行回归。此外，若将缺失样本补充为零回归，结果未变。

表 7–3　　　　　假设二基础回归 1
依赖度对客户股价崩盘风险溢出效应的影响

变量	企业股价崩盘风险 $Duvol_{i,t}$			
	企业销售给客户的金额占其营业收入的比例		客户从企业采购的金额占其营业成本的比例	
	高	低	高	低
	(1)	(2)	(3)	(4)
$Cus\_Duvol_{i,t}$	0.0961** (2.15)	0.0271 (0.70)	0.1063** (2.42)	0.0227 (0.58)
$Duvol_{i,t-1}$	-0.0821 (-1.34)	0.0944 (1.52)	-0.0992 (-1.62)	0.1049* (1.67)
$Sigma_{i,t-1}$	3.3487 (1.23)	3.7276 (1.53)	0.0077 (0.00)	5.9406** (2.52)
$Ret_{i,t-1}$	2.8587 (0.44)	17.5880*** (2.81)	4.2579 (0.66)	15.1299** (2.40)
$Turnover_{i,t-1}$	-0.1115 (-1.21)	-0.0317 (-0.36)	-0.1145 (-1.26)	-0.0043 (-0.05)
$Dual_{i,t-1}$	-0.0488 (-0.55)	0.1522* (1.93)	-0.0149 (-0.17)	0.1159 (1.48)
$MB_{i,t-1}$	0.2950** (2.12)	0.2196 (1.63)	0.3935*** (2.87)	0.1513 (1.10)
$Leverage_{i,t-1}$	-0.0395 (-0.23)	0.1339 (0.80)	0.0144 (0.08)	0.0437 (0.26)
$Cus\_Dual_{i,t-1}$	0.2189** (2.14)	0.0780 (0.90)	0.1960* (1.87)	0.0972 (1.13)
$Cus\_MB_{i,t-1}$	0.0143 (0.11)	-0.2557** (-2.35)	-0.0638 (-0.49)	-0.1830 (-1.64)
$Cus\_Leverage_{i,t-1}$	0.1288 (0.75)	-0.2992* (-1.93)	0.1505 (0.87)	-0.2875* (-1.82)

续表

变量	企业股价崩盘风险 Duvol$_{i,t}$			
	企业销售给客户的金额占其营业收入的比例		客户从企业采购的金额占其营业成本的比例	
	高	低	高	低
	(1)	(2)	(3)	(4)
Industry	YES	YES	YES	YES
Year	YES	YES	YES	YES
Constant	-0.8913* (-1.78)	0.6647 (0.87)	-0.7187 (-1.08)	0.2927 (0.63)
Observations	626	627	626	627
Adjusted R^2	0.050	0.047	0.043	0.060
F	1.897	1.808	1.767	2.049

注：*、**、***分别表示10%、5%以及1%水平上显著。

2. 专有化投资对客户股价崩盘风险溢出效应的影响。专有化投资是衡量客户与供应商关系紧密程度的另一种方式。中止与供应商的关系将使客户专有化投资失去价值，并面临高昂的转换成本（Titman and Wessels，1988），因此专有化投资有助于稳定甚至锁定客户与供应商关系。企业需要权衡中止交易所引发的转换成本以及沉没成本和延续交易可能遭受的股价崩盘风险形成的损失，如果中止交易的成本高于股价崩盘风险传染效应所造成的损失，企业会选择承受交易方股价崩盘风险传染而继续交易，反之会选择中止交易以规避交易方股价崩盘风险的传染。笔者按企业 t 年研发费用 R&D 自然对数的中位数将企业分为高研发费用组和低研发费用组，研发费用越高，专有化投资越高，客户与供应商关系越专有。

表 7-4 列示了按照研发费用高低分组回归的结果①，数据显示：客户股价崩盘风险 $Cus\_Duvol_{i,t}$ 与企业股价崩盘风险 $Duvol_{i,t}$ 的显著正相关关系只存在于研发费用较高组，说明客户与企业的研发费用越高，关系专有性越强，供应链上客户股价崩盘风险对企业的传染效应越强。当客户发生股价崩盘风险时，研发投入比较高的企业若选择中止交易，会承担较高的转换成本与沉没成本，只能继续交易并承受客户股价崩盘风险的不利影响。相反，研发投入比较低的企业可重新选择交易对象，以规避客户股价崩盘风险的不利影响。当股价崩盘风险用暴跌风险哑变量 Crash 衡量时，回归结果无显著性差异。本章假设 2 得到进一步验证。

表 7-4　　　　　假设二基础回归 2

专有化投资对客户股价崩盘风险溢出效应的影响

变量	企业股价崩盘风险 $Duvol_{i,t}$			
	供应商研发费用		客户研发费用	
	高	低	高	低
	(1)	(2)	(3)	(4)
$Cus\_Duvol_{i,t}$	0.0729* (1.79)	0.0403 (0.98)	0.0953** (2.49)	0.0052 (0.12)
$Duvol_{i,t-1}$	0.0353 (0.57)	-0.0570 (-0.96)	-0.0044 (-0.08)	-0.0233 (-0.38)
$Sigma_{i,t-1}$	6.3339** (2.40)	0.2232 (0.09)	1.3124 (0.51)	2.9059 (1.14)

---

① 样本中有 215 家供应商和 311 家客户无研发费用数据，笔者将其补为零。此外，直接删除这部分数据进行回归，结果未变。

续表

变量	企业股价崩盘风险 $Duvol_{i,t}$			
	供应商研发费用		客户研发费用	
	高	低	高	低
	(1)	(2)	(3)	(4)
$Ret_{i,t-1}$	13.3756**	4.8397	6.3818	13.5866**
	(2.16)	(0.74)	(0.96)	(2.27)
$Turnover_{i,t-1}$	-0.0641	-0.1277	-0.0473	-0.1127
	(-0.78)	(-1.20)	(-0.48)	(-1.39)
$Dual_{i,t-1}$	0.0899	-0.0081	0.0320	0.0659
	(1.25)	(-0.08)	(0.43)	(0.74)
$MB_{i,t-1}$	0.1589	0.4678***	0.0602	0.4657***
	(1.09)	(3.60)	(0.45)	(3.44)
$Leverage_{i,t-1}$	0.3868**	-0.0867	0.2947*	-0.2226
	(2.00)	(-0.57)	(1.88)	(-1.28)
$Cus\_Dual_{i,t-1}$	0.2112**	0.0562	0.1703**	0.1694
	(2.43)	(0.56)	(2.05)	(1.62)
$Cus\_MB_{i,t-1}$	-0.1499	-0.0311	-0.2438**	-0.0265
	(-1.22)	(-0.28)	(-2.12)	(-0.22)
$Cus\_Leverage_{i,t-1}$	-0.0176	-0.1202	-0.2875	0.0242
	(-0.11)	(-0.75)	(-1.56)	(0.15)
Industry	YES	YES	YES	YES
Year	YES	YES	YES	YES
Constant	-0.0161	-0.1668	-0.3238	-0.1856
	(-0.02)	(-0.37)	(-0.59)	(-0.23)
Observations	630	630	577	683
Adjusted R^2	0.077	0.061	0.090	0.083
F	2.507	2.072	2.504	2.679

注：*、**、*** 分别表示10%、5%以及1%水平上显著。

3. 关系性质对客户股价崩盘风险溢出效应的影响。相对于非国有产权性质，国有产权性质的客户与企业之间的关系可能具有更好的稳定性。由于国有企业相对于非国有企业承担了较多的政策性负担，如解决社会就业问题、配合国家发展战略等（Lin and Tan，1999；林毅夫、李志赟，2004），因此政府必须通过大量非经济的政治、行政手段干预国有企业（马连福等，2013；陈仕华等，2014）。在某些非国企限制进入或者非国有资本不愿意进入的特殊领域，国有企业可能只能跟国有企业交易，即使是在自由竞争领域，同一政府主导下的国有企业也是国有企业交易的优先选择对象。这说明国有企业间的交易关系可能是政府干预的结果，国有企业可能不能自由选择和哪个企业交易，也不能在交易方出现问题时随时中止与另一国有企业的交易关系，因此国有产权性质的客户与企业之间的关系具有更好的稳定性，客户股价崩盘风险的溢出效应越强。笔者按照 t 期企业产权属性进行分组，当企业与客户都是国企时，关系更稳定。

相对于提供较少商业信用的企业而言，当企业为客户提供的商业信用较多时，往往意味着企业在与客户建立关系或在后续维系过程中，已经投入了大量成本。特别是当客户的应付账款较多时，企业一旦与客户切断联系，往往意味着前期的商业信用难以回收，企业将遭受巨大损失，因此，企业与客户的关系将相对稳定。

表 7-5 列示了按照企业与客户之间的关系性质分组回归的结果，具体而言，第（1）列和第（2）列为按照客户与企业商业信用高低的分组回归，数据显示：当客户的应付账款较多，即企业提供给客户的商业信用较多，客户股价崩盘风险 $Cus\_Duvol_{i,t}$ 与企业股价崩盘风险 $Duvol_{i,t}$ 显著正相关，而当企业提供给客

户的商业信用较少时,客户股价崩盘风险 $Cus\_Duvol_{i,t}$ 与企业股价崩盘风险 $Duvol_{i,t}$ 正相关并不显著。这说明当企业提供给客户的商业信用较多时,双方之间的交易关系更为稳定,当客户发生股价崩盘风险时,企业更不可能通过中止交易以规避这种影响,更容易受到客户股价崩盘风险的影响。

表7-5 假设二基础回归3

关系性质对客户股价崩盘风险溢出效应的影响

变量	企业股价崩盘风险 $Duvol_{i,t}$			
	企业与客户的商业信用		企业与客户的产权性质	
	客户的应付账款高	客户的应付账款低	企业与客户都为国企	其他
	(1)	(2)	(3)	(4)
$Cus\_Duvol_{i,t}$	0.0798** (2.06)	0.0342 (0.75)	0.1163** (2.54)	0.0121 (0.32)
$Duvol_{i,t-1}$	-0.1353** (-2.17)	-0.0149 (-0.23)	0.0533 (0.82)	-0.0446 (-0.78)
$Sigma_{i,t-1}$	2.4562 (0.98)	3.1569 (1.14)	1.6727 (0.56)	4.0542* (1.77)
$Ret_{i,t-1}$	-0.3010 (-0.05)	-1.9685 (-0.27)	3.4564 (0.47)	11.9473** (2.14)
$Turnover_{i,t-1}$	-0.0654 (-0.73)	-0.3009*** (-2.74)	-0.3045** (-2.39)	-0.0067 (-0.09)
$Dual_{i,t-1}$	0.0253 (0.30)	-0.0154 (-0.17)	-0.0420 (-0.32)	0.0814 (1.27)
$MB_{i,t-1}$	0.2118 (1.56)	0.5328*** (3.70)	0.5512*** (3.66)	0.2726** (2.11)
$Leverage_{i,t-1}$	-0.1005 (-0.58)	0.2621 (1.53)	0.1568 (0.79)	-0.0430 (-0.27)

续表

变量	企业股价崩盘风险 $Duvol_{i,t}$			
	企业与客户的商业信用		企业与客户的产权性质	
	客户的应付账款高	客户的应付账款低	企业与客户都为国企	其他
	(1)	(2)	(3)	(4)
$Cus\_Dual_{i,t-1}$	0.1500* (1.80)	0.1297 (1.21)	0.1274 (0.85)	0.1395* (1.93)
$Cus\_MB_{i,t-1}$	-0.0213 (-0.17)	-0.1925 (-1.52)	-0.0406 (-0.29)	-0.0668 (-0.64)
$Cus\_Leverage_{i,t-1}$	-0.2397 (-1.22)	-0.0411 (-0.21)	-0.0306 (-0.17)	-0.1986 (-1.36)
Industry	YES	YES	YES	YES
Year	YES	YES	YES	YES
Constant	0.3136 (0.59)	-0.3804 (-0.72)	-0.7088 (-1.34)	0.0541 (0.12)
Observations	558	559	553	707
Adjusted R^2	0.058	0.092	0.105	0.061
F	1.909	2.489	2.849	2.205

注：*、**、*** 分别表示10%、5%以及1%水平上显著。

第（3）列和第（4）列为按照客户与企业产权性质的分组回归，数据显示：当客户与企业均为国有企业时，国有客户股价崩盘风险 $Cus\_Duvol_{i,t}$ 与国有企业股价崩盘风险 $Duvol_{i,t}$ 显著正相关，而当客户与企业不同时为国有企业时，客户股价崩盘风险 $Cus\_Duvol_{i,t}$ 与企业股价崩盘风险 $Duvol_{i,t}$ 正相关但并不显著或显著性较弱。这说明国有企业间的交易关系更为稳定，当国有性质的客户发生股价崩盘风险时，国有性质的企业更不可能通过中止交易以规避这种影响，更容易受到国有性质客户的股价崩盘风险的影响。

当股价崩盘风险用暴跌风险哑变量 Crash 衡量时，回归结果无显著性差异。本章假设 2 得到较稳健验证。

第四节 基于溢出效应的进一步分析

以上结果说明客户股价崩盘风险对企业存在溢出效应。但这种结果真实存在吗？有没有可能只是数据统计性显著的表象？本小节基于溢出效应进行进一步分析，具体而言，包括以下四方面的检验：第一，企业自身特征能否影响客户股价崩盘风险的溢出效应，当企业自身公司治理情况较好、股价崩盘风险较低时，客户股价崩盘风险还会产生溢出效应吗？第二，客户与供应商关系的持续性能增强客户股价崩盘风险的溢出效应吗？第三，客户股价崩盘风险的溢出效应确实基于客户与供应商关系吗？

一、企业自身特征能否影响客户股价崩盘风险的溢出效应

以上结果说明客户股价崩盘风险对企业存在溢出效应。这种溢出效应在什么情况下会发生？当企业自身崩盘风险较低时，客户崩盘还会具有溢出效应吗？当企业自身崩盘风险较高时，客户崩盘是否会成为"压死骆驼的最后一根稻草"，导致企业崩盘？为此，笔者按照企业自身特征对模型（7-1）进行分组检验。

股价崩盘风险文献认为，信息透明度和公司治理是股价崩盘风险的重要成因。股价崩盘风险的信息观认为，信息不对称越严重，管理者越容易隐藏负面消息（Jin and Myers，2006），股价

崩盘风险越大（Amy et al.，2009），相反信息越透明，管理者越不容易隐藏负面消息，股价崩盘风险越小。股价崩盘风险的代理观认为，出于货币薪酬、在职消费和帝国构建等自身利益考虑，管理者可能隐藏负面信息（Chen et al.，2001），并最终引发崩盘风险。当企业公司治理较差时，管理者隐藏负面消息的空间更大，企业股价崩盘风险也越大。而当企业公司治理较好时，企业股价崩盘风险较小。

笔者用公司治理指标作为企业自身特征的衡量指标。具体而言，笔者用两类股权制衡度（Tenshare 和 Governance）衡量公司治理，Tenshare 是用第二至第十大股东持股合计数与第一大股东持股数的比例进行度量，Governance 是用第二大股东持股数与第一大股东持股数的比例进行度量，并按照股权制衡度中位数将企业分为低股权制衡度组（公司治理较差组）和高股权制衡度组（公司治理较好组）。

表7-6列示了按照企业的公司治理分组回归的结果，数据显示：客户股价崩盘风险 $Cus\_Duvol_{i,t}$ 与企业的股价崩盘风险 $Duvol_{i,t}$ 的显著正相关关系主要存在于企业的股权制衡度较低组，而客户股价崩盘风险 $Cus\_Duvol_{i,t}$ 企业股价崩盘风险 $Duvol_{i,t}$ 的正相关关系在企业自身的股权制衡度较低时不显著，说明供应商企业的公司治理越差，由于自身原因或因客户波及而发生股价崩盘风险的可能性越大。也就是说，当企业自身股价崩盘风险较高时，客户崩盘较容易成为"压死骆驼的最后一根稻草"，导致企业崩盘；而当供应商自身股价崩盘风险较低，抵抗力较顽强时，客户崩盘不太容易给企业造成溢出效应。当股价崩盘风险用暴跌风险哑变量 Crash 衡量时，回归结果无显著性差异。

表7-6 溢出效应的进一步分析 企业自身特征能否影响客户股价崩盘风险的溢出效应

变量	企业股价崩盘风险 $Duvol_{i,t}$			
	企业股权制衡度 $Tenshare_{i,t}$		企业股权制衡度 $Governance_{i,t}$	
	低	高	低	高
	(1)	(2)	(3)	(4)
$Cus\_Duvol_{i,t}$	0.1218*** (3.04)	0.0089 (0.22)	0.1225*** (2.97)	0.0098 (0.24)
$Duvol_{i,t-1}$	0.0087 (0.15)	-0.0248 (-0.40)	-0.0085 (-0.14)	0.0108 (0.17)
$Sigma_{i,t-1}$	0.2334 (0.09)	5.4619** (2.28)	2.7912 (1.00)	4.6841** (1.97)
$Ret_{i,t-1}$	17.7210*** (2.81)	2.6071 (0.43)	10.2511 (1.56)	9.6163 (1.60)
$Turnover_{i,t-1}$	-0.2811*** (-2.85)	0.0645 (0.80)	-0.1812* (-1.78)	-0.0351 (-0.44)
$Dual_{i,t-1}$	-0.0485 (-0.45)	0.0622 (0.91)	-0.0013 (-0.01)	0.0446 (0.63)
$MB_{i,t-1}$	0.5254*** (3.93)	0.2379* (1.67)	0.4715*** (3.43)	0.2217 (1.54)
$Leverage_{i,t-1}$	0.3019* (1.79)	-0.0175 (-0.10)	0.2167 (1.26)	-0.0468 (-0.27)
$Cus\_Dual_{i,t-1}$	0.1921* (1.80)	0.1775** (2.20)	0.2175** (2.11)	0.1327 (1.57)
$Cus\_MB_{i,t-1}$	-0.0408 (-0.35)	-0.1255 (-1.07)	-0.0348 (-0.31)	-0.1444 (-1.16)
$Cus\_Leverage_{i,t-1}$	0.3446** (2.11)	-0.4566*** (-2.92)	0.1925 (1.18)	-0.3512** (-2.16)

续表

变量	企业股价崩盘风险 Duvol$_{i,t}$			
	企业股权制衡度 Tenshare$_{i,t}$		企业股权制衡度 Governance$_{i,t}$	
	低	高	低	高
	(1)	(2)	(3)	(4)
Industry	YES	YES	YES	YES
Year	YES	YES	YES	YES
Constant	-0.6745 (-1.12)	0.1021 (0.21)	-0.8687 (-1.41)	0.2914 (0.61)
Observations	630	630	630	630
Adjusted R^2	0.104	0.072	0.072	0.045
F	2.983	2.312	2.275	1.819

注：*、**、***分别表示10%、5%以及1%水平上显著。

二、关系的持续性能否增强客户股价崩盘风险的溢出效应

如果企业股价崩盘风险在客户与企业关系上具有溢出效应，那么客户与企业交易关系的持续性将能增强客户股价崩盘风险对企业的溢出效应。在本章1260个"企业—年度—客户"样本中，有591个客户在上一年也是企业的前五大客户，669个客户在上一年不属于企业的前五大客户；有572个客户第一次挤进企业的前五大客户之列，而剩下的688个客户在去年或以前年度曾经位于企业的前五大客户之列。本章根据这一数据特性，将客户在上一年也是企业的前五大客户或以前年度曾经位于企业的前五大客户之列的样本认定为企业与客户之间的关系存在持续性，否则认为两者关系的持续性较弱。

客户与企业关系不复存在，可能是因相对重要性下降进而没

有出现在前五大客户或供应商名单之列,也可能是双方完全中止了交易合作关系。无论是哪种情形,都意味着对方不再是自己理想的交易对象,或作为曾经交易对象的对方可能存在某种问题。因此当供应商企业观察到客户出现较严重股价崩盘风险时,选择降低交易权重甚至中止交易,是规避客户牵连的有效举措。当股价崩盘风险用暴跌风险哑变量 Crash 衡量时,回归结果无显著性差异。

表7-7列示了按企业与客户关系是否持续分组回归的结果,数据显示:客户股价崩盘风险 $Cus\_Duvol_{i,t}$ 与企业股价崩盘风险 $Duvol_{i,t}$ 的显著正相关关系确实只存在于客户与企业关系持续性较强组,而在客户与企业关系持续性较弱组,客户股价崩盘风险 $Cus\_Duvol_{i,t}$ 与企业股价崩盘风险 $Duvol_{i,t}$ 正相关但并不显著,说明客户与企业关系的持续性能增强客户股价崩盘风险对企业的溢出效应。

表7-7 溢出效应的进一步分析关系的持续性能否增强客户股价崩盘风险的溢出效应

变量	企业股价崩盘风险 $Duvol_{i,t}$			
	关系持续性		关系持续性	
	客户在以前年度存在	客户在以前年度不存在	客户在过去一年存在	客户在过去一年不存在
	(1)	(2)	(3)	(4)
$Cus\_Duvol_{i,t}$	0.0753 *	0.0456	0.1109 **	0.0143
	(1.85)	(1.07)	(2.48)	(0.37)
$Duvol_{i,t-1}$	-0.0128	0.0131	-0.0024	0.0109
	(-0.22)	(0.21)	(-0.04)	(0.19)
$Sigma_{i,t-1}$	7.2657 ***	-0.8029	5.6907 *	1.3743
	(2.70)	(-0.32)	(1.87)	(0.60)

续表

变量	企业股价崩盘风险 Duvol$_{i,t}$			
	关系持续性		关系持续性	
	客户在以前年度存在	客户在以前年度不存在	客户在过去一年存在	客户在过去一年不存在
	(1)	(2)	(3)	(4)
Ret$_{i,t-1}$	8.2146 (1.30)	11.2312* (1.77)	10.7082 (1.57)	9.2742 (1.55)
Turnover$_{i,t-1}$	-0.1557* (-1.77)	-0.0393 (-0.42)	-0.1962** (-2.01)	0.0224 (0.27)
Dual$_{i,t-1}$	0.0659 (0.79)	0.0149 (0.18)	0.0303 (0.33)	0.0447 (0.59)
MB$_{i,t-1}$	0.4506*** (3.40)	0.1174 (0.82)	0.4405*** (3.08)	0.1310 (0.99)
Leverage$_{i,t-1}$	0.2613 (1.58)	-0.1147 (-0.67)	0.1291 (0.70)	0.0059 (0.04)
Cus_Dual$_{i,t-1}$	0.2187** (2.29)	0.0996 (1.09)	0.2035* (1.95)	0.1374 (1.61)
Cus_MB$_{i,t-1}$	0.0147 (0.13)	-0.1512 (-1.25)	0.0365 (0.29)	-0.1818 (-1.61)
Cus_Leverage$_{i,t-1}$	-0.0132 (-0.08)	-0.1247 (-0.79)	0.0194 (0.10)	-0.1428 (-0.97)
Industry	YES	YES	YES	YES
Year	YES	YES	YES	YES
Constant	-0.9966** (-1.99)	0.7105 (1.23)	-0.3691 (-0.45)	0.0891 (0.21)
Observations	688	572	591	669
Adjusted R^2	0.080	0.007	0.069	0.024
F	2.659	1.106	2.257	1.438

注：*、**、***分别表示10%、5%以及1%水平上显著。

三、客户股价崩盘风险的溢出效应是否确实基于供应链关系

以上结果只能说明当存在客户与供应商关系的前提下,客户股价崩盘风险与企业股价崩盘风险显著正相关,但并不能说明这种溢出效应是源于客户与供应商关系。理论上,一些企业的股价崩盘风险都有可能与另一些企业的股价崩盘风险存在统计意义上的显著正相关关系,但这种正相关关系并不一定就是溢出效应,即便是溢出效应也并不一定是基于供应链关系的溢出效应,也就是说,这种溢出效应很可能与是否具有供应链关系无关。

笔者采用 Rosenbaum and Rubin(1983)提出的倾向评分匹配法(Propensity Score Matching,PSM)排除上述可能。假设企业 A 对应客户 B,笔者采用 PSM 一对一近邻匹配出企业 A1 与客户 B1 并假定两者存在模拟的供应链关系,前者为有实际供应链关系的处理组样本,后者为没有实际供应链关系但在主要特征上与处理组又尽可能相近的控制组样本。如果处理组样本客户 B 的股价崩盘风险对企业 A 下年股价崩盘风险的溢出效应,并不存在于控制组客户 B1 和企业 A1 之间,也不存在于控制组客户 B1 和企业 A 之间,也不存在于客户 B 和控制组企业 A1 之间,就可说明客户 B 的股价崩盘风险对企业 A 股价崩盘风险的溢出效应确实是由于供应链关系的缘故。

首先匹配控制组。以 t 期是否有供应链关系为处理变量,以 t 期企业股价崩盘风险(以 $Duvol_{i,t}$ 为例)为结果变量,以 t 期有供应链关系的 1260 个企业样本为处理组,以 A 股上市公司 t 期没有供应链关系的 15606 个样本为对照组,细分行业和年度,并以主回归中涉及的所有企业特征变量为匹配变量,参照 Becker andichino(2002)的做法,采用 logit 回归计算出各样本的 PS –

Score 而后进行一对一近邻匹配供应商,最终得到 1241[①] 个供应商企业控制组样本。同样,以 t 期是否有供应链关系为处理变量,以 t 期客户股价崩盘风险(以 $Cus\_Duvol_{i,t}$ 为例)为结果变量,以 t 期有供应链关系的 1260 个客户样本为处理组,以 A 股上市公司 t 期没有供应链关系的 16186[②] 个样本为对照组,细分行业和年度,并以主回归中涉及的所有客户特征变量为匹配变量,参照 Becker andichino(2002)的做法,采用 logit 回归计算出各样本的 PS-Score 而后进行一对一近邻匹配客户,最终得到 1249[③] 个客户控制组样本。最后,合并前述两组样本,最终得到既有匹配供应商企业又有匹配客户,能形成客户 B1 对应企业 A1 关系的 1230 个模拟供应链关系控制组样本,客户 B1 对应企业 A 关系的 1249 个模拟供应链关系控制组样本,客户 B 对应企业 A1 关系的 1241 个模拟供应链关系控制组样本。

其次检查匹配的有效性。匹配前处理组和对照组的收益波动率、换手率和规模等变量均有显著差异,匹配后两组间所有控制变量差异不显著,而且所有变量的标准化偏差(%bias)小于 10%,说明匹配结果满足平衡性能(Balancing Assumption)条件。

处理组企业平均处理效果即 ATT 显示,处理组 t 期的股价崩盘风险显著大于对照组的股价崩盘风险,说明有客户关系的企业可能会具有较高股价崩盘风险,两组样本的主要特征整体上满足

[①] 有 19 个供应商未成功匹配,原因在于这些公司特征与同年度同行业控制组其他公司特征差异太大。

[②] 匹配客户的控制组样本与匹配供应商企业的控制组样本不一致的原因在于,匹配时剔掉了 A 股上市公司中匹配变量缺失的样本,而两次匹配所用的匹配变量不完全一致,因而存在略微差异。

[③] 有 12 个客户未成功匹配,原因在于这些公司特征与同年度同行业控制组其他公司特征差异太大。

Common Support 条件。这说明，此种方法的匹配处理是有效的。

最后分别按照处理组和对照组样本重复表7-3的回归，表7-8列示了以 Ncskew 作为股价崩盘风险衡量指标的回归结果。具体而言，第（1）列为处理组即样本组的回归结果，第（2）列、第（3）列和第（4）列分别为控制组"A1-B1"、"A-B1"和"A1-B"即对照组的回归结果，与表7-2类似，表7-8中第（2）列至第（3）列同时控制了企业和客户的基本特征。

表7-8 溢出效应的进一步分析 客户股价崩盘风险的溢出效应是否确实基于供应链关系

变量	企业股价崩盘风险 $Duvol_{i,t}$			
	处理组 A-B	控制组 A1-B1	控制组 A-B1	控制组 A1-B
	（1）	（2）	（3）	（4）
$Cus\_Duvol_{i,t}$	0.0593** (2.05)	-0.0264 (-0.97)	-0.0261 (-0.95)	0.0234 (0.81)
$Duvol_{i,t-1}$	-0.0005 (-0.01)	0.1456*** (3.73)	0.0161 (0.39)	0.1437*** (3.70)
$Sigma_{i,t-1}$	2.5593 (1.44)	-0.2510 (-0.15)	1.8457 (1.21)	-0.0513 (-0.03)
$Ret_{i,t-1}$	10.0465** (2.28)	22.0050*** (5.55)	11.2437*** (2.66)	21.3765*** (5.40)
$Turnover_{i,t-1}$	-0.0647 (-1.05)	0.0571 (0.93)	-0.0375 (-0.62)	0.0565 (0.93)
$Dual_{i,t-1}$	0.0373 (0.65)	0.0737 (1.29)	0.0332 (0.55)	0.0719 (1.27)
$MB_{i,t-1}$	0.2758*** (2.90)	-0.0381 (-0.42)	0.2128** (2.30)	-0.0323 (-0.36)
$Leverage_{i,t-1}$	0.0569 (0.49)	-0.1060 (-1.00)	0.0639 (0.54)	-0.0930 (-0.89)

续表

变量	企业股价崩盘风险 $Duvol_{i,t}$			
	处理组 A - B	控制组 A1 - B1	控制组 A - B1	控制组 A1 - B
	(1)	(2)	(3)	(4)
$Cus\_Dual_{i,t-1}$	0.1573** (2.41)	-0.0374 (-0.51)	0.0651 (0.87)	-0.0142 (-0.22)
$Cus\_MB_{i,t-1}$	-0.1010 (-1.23)	0.0014 (0.02)	-0.0256 (-0.29)	0.0279 (0.33)
$Cus\_Leverage_{i,t-1}$	-0.0574 (-0.50)	0.0038 (0.04)	-0.0325 (-0.31)	0.0250 (0.22)
Industry	YES	YES	YES	YES
Year	YES	YES	YES	YES
Constant	-0.0993 (-0.27)	-0.2594 (-0.66)	-0.0721 (-0.19)	-0.3129 (-0.80)
Observations	1260	1230	1249	1241
Adjusted R^2	0.048	0.065	0.035	0.066
F	2.660	3.257	2.188	3.306

注：*、**、*** 分别表示 10%、5% 以及 1% 水平上显著。

数据显示：在处理组，客户股价崩盘风险 $Cus\_Duvol_{i,t}$ 与企业股价崩盘风险 $Duvol_{i,t+1}$ 显著正相关；而在控制组，无论是"A1 - B1"、"A - B1"还是"A1 - B"，客户股价崩盘风险 $Cus\_Duvol_{i,t}$ 与企业股价崩盘风险 $Duvol_{i,t+1}$ 都不存在显著的正相关关系。由于控制组与处理组唯一的差别是有无实质的供应链关系，而在其他方面均具有相似性，对比两组的回归结果，可以说明客户股价崩盘风险对企业的溢出效应确实基于供应链关系。

四、其他稳健性检验

为了进一步保证本章回归结果的可靠性，笔者还进行了如下

第七章 客户股价崩盘风险对企业的溢出效应

稳健性检验:

第一,改变计量方式。分别用负收益偏态系数 Ncskew 和不同口径计算的股价暴跌风险哑变量 Crash2 做股价崩盘风险的衡量方式重复表7-2 的回归。表7-9 的回归结果显示:第(1)列和第(3)列的单变量回归,客户股价崩盘风险 $Cus\_Ncskew_{i,t}$ 或 $Cus\_Crash2_{i,t}$ 与企业的股价崩盘风险 $Ncskew_{i,t}$ 或 $Crash2_{i,t}$ 显著正相关;第(2)列和第(4)列的控制企业及客户特征和行业及年度固定效应后,户股价崩盘风险 $Cus\_Ncskew_{i,t}$ 或 $Cus\_Crash2_{i,t}$ 与企业的股价崩盘风险 $Ncskew_{i,t}$ 或 $Crash2_{i,t}$ 虽然不显著,但仍然正相关。

表7-9 溢出效应的进一步分析 更换股价崩盘风险的计量方式

变量	企业股价崩盘风险 $Ncskew_{i,t}$		企业股价崩盘风险 $Crash2_{i,t}$	
	单变量回归	控制企业及客户特征	单变量回归	控制企业及客户特征
	(1)	(2)	(3)	(4)
$Cus\_Ncskew_{i,t}$ 或 $Cus\_Crash2_{i,t}$	0.0753 *** (2.60)	0.0362 (1.19)	0.0641 ** (2.23)	0.0442 (1.53)
$Ncskew_{i,t-1}$		0.0458 (1.27)		
$Sigma_{i,t-1}$		4.7702 ** (2.24)		1.6387 (1.37)
$Ret_{i,t-1}$		17.2521 *** (3.78)		4.7261 ** (2.13)
$Turnover_{i,t-1}$		-0.1496 ** (-2.01)		-0.0332 (-0.80)
$Dual_{i,t-1}$		0.0399 (0.58)		-0.0571 (-1.47)

续表

变量	企业股价崩盘风险 $Ncskew_{i,t}$		企业股价崩盘风险 $Crash2_{i,t}$	
	单变量回归	控制企业及客户特征	单变量回归	控制企业及客户特征
	(1)	(2)	(3)	(4)
$MB_{i,t-1}$		0.3991*** (3.48)		0.1556** (2.43)
$Leverage_{i,t-1}$		0.0211 (0.15)		0.0277 (0.35)
$Cus\_Dual_{i,t-1}$		0.1582** (2.02)		0.0894** (2.03)
$Cus\_MB_{i,t-1}$		-0.1270 (-1.28)		-0.1202** (-2.16)
$Cus\_Leverage_{i,t-1}$		-0.0643 (-0.47)		0.0223 (0.29)
Industry	NO	YES	NO	YES
Year	NO	YES	NO	YES
Constant	-0.2751*** (-10.59)	0.1280 (0.29)	0.4329*** (24.09)	0.6420** (2.54)
Observations	1260	1260	1260	1260
Adjusted R^2	0.005	0.050	0.003	0.056
F	6.772	2.745	4.980	3.005

注：*、**、***分别表示10%、5%以及1%水平上显著。

第二，客户与企业存在实质性、较高比例的交易关系时，客户才可能对供应商企业产生重要影响，相反，若供应商企业向客户销售比例较低，那么客户对供应商企业的影响可能不显著。笔者只保留了销售占比超过10%的样本，表7-10中第（1）列在控制了企业及客户特征和行业及年度固定效应后的回归结果显示，尽管只有231个有效样本，客户t期股价崩盘风险 $Cus\_Duvol_{i,t}$ 仍然与企业的股价崩盘风险 $Duvol_{i,t}$ 显著正相关。

第三，为了消除客户销售占比较低这一情况对结果的可能影响，笔者剔除客户销售占比低于1%的45个样本，表7-10中第（2）列在控制了企业及客户特征和行业及年度固定效应后的回归结果显示：客户的股价崩盘风险 $Cus\_Duvol_{i,t}$ 仍然与企业的股价崩盘风险 $Duvol_{i,t}$ 显著正相关。

第四，在1260个"企业—年度—客户"样本中，有的企业在同一年有多个上市客户。笔者只保留这些企业中销售占比最高的客户（即1008个"企业—年度—客户"样本），表7-10中第（3）列在控制了企业及客户特征和行业及年度固定效应后的回归结果显示：客户的股价崩盘风险 $Cus\_Duvol_{i,t}$ 仍然与企业的股价崩盘风险 $Duvol_{i,t}$ 显著正相关。

第五，已有的研究发现，在金融危机前后，特别是在宏观经济衰退期和宏观经济繁荣期的不同阶段，企业高管为了操纵薪酬而采用了不同的盈余管理手段（李宗彦和覃予，2016），因此宏观经济形势的波动可能影响微观企业行为的盈余管理行为，进而影响本章研究结论的有效性。为此，笔者参考（李宗彦和覃予，2016）的研究，设置了Crisis变量（若样本在2011年之前设值为1，否则为0）加入研究模型，表7-10中第（4）列在控制了企业及客户特征和行业及年度固定效应后的回归结果显示：在控制了宏观经济因素的影响后，客户的股价崩盘风险 $Cus\_Duvol_{i,t}$ 仍然与企业的股价崩盘风险 $Duvol_{i,t}$ 显著正相关。

当股价崩盘风险用暴跌风险哑变量Crash衡量时，回归结果无显著性差异。

表 7-10　溢出效应的进一步分析 其他稳健性检验

变量	企业股价崩盘风险 $Duvol_{i,t}$			
	只保留销售占比超过10%的样本	去掉销售占比低于1%的样本	一个供应商只保留一个上市客户	控制金融危机影响
	(1)	(2)	(3)	(4)
$Cus\_Duvol_{i,t}$	0.2087 *** (2.75)	0.0581 ** (1.97)	0.0751 ** (2.36)	0.0593 ** (2.05)
$Duvol_{i,t-1}$	-0.0758 (-0.73)	-0.0055 (-0.13)	-0.0241 (-0.52)	-0.0005 (-0.01)
$Sigma_{i,t-1}$	4.3895 (0.87)	2.3847 (1.31)	2.5998 (1.34)	2.5593 (1.44)
$Ret_{i,t-1}$	3.3917 (0.30)	10.0757 ** (2.22)	6.3766 (1.30)	10.0465 ** (2.28)
$Turnover_{i,t-1}$	-0.2221 (-1.51)	-0.0401 (-0.63)	-0.1033 (-1.50)	-0.0647 (-1.05)
$Dual_{i,t-1}$	0.0345 (0.22)	0.0339 (0.57)	0.0425 (0.69)	0.0373 (0.65)
$MB_{i,t-1}$	0.4232 * (1.74)	0.2406 ** (2.47)	0.2221 ** (2.17)	0.2758 *** (2.90)
$Leverage_{i,t-1}$	0.5478 * (1.78)	0.0630 (0.53)	0.0372 (0.30)	0.0569 (0.49)
$Cus\_Dual_{i,t-1}$	0.4115 ** (2.53)	0.1577 ** (2.38)	0.1457 ** (2.03)	0.1573 ** (2.41)
$Cus\_MB_{i,t-1}$	0.3441 (1.56)	-0.0882 (-1.04)	-0.0672 (-0.75)	-0.1010 (-1.23)
$Cus\_Leverage_{i,t-1}$	-0.0168 (-0.06)	-0.0409 (-0.35)	-0.1338 (-1.05)	-0.0574 (-0.50)
$Crsis$				0.1208 (0.63)
Industry	YES	YES	YES	YES

续表

变量	企业股价崩盘风险 Duvol$_{i,t}$			
	只保留销售占比超过10%的样本	去掉销售占比低于1%的样本	一个供应商只保留一个上市客户	控制金融危机影响
	(1)	(2)	(3)	(4)
Year	YES	YES	YES	YES
Constant	-0.8535 (-0.95)	-0.1082 (-0.29)	-0.1250 (-0.33)	-0.2201 (-0.63)
Observations	231	1215	1008	1260
Adjusted R^2	0.069	0.049	0.038	0.048
F	1.504	2.646	2.054	2.660

注：*、**、***分别表示10%、5%以及1%水平上显著。

本章小结

本章继续打开客户这一黑匣子，探讨客户与股价崩盘风险关系的作用机理，选择客户股价崩盘风险这一视角，主要研究当客户存在股价崩盘风险时，该风险是否在供应链上具有溢出效应。

根据2007—2016年1260对企业与客户均为上市公司的"企业—客户—年度"样本（供应链）数据，研究发现：（1）客户的股价崩盘风险与企业的股价崩盘风险显著正相关，即客户股价崩盘风险对企业具有溢出效应；（2）客户与企业之间的相互依赖度越高，相互之间的专有化投资越多，相互之间的关系越趋于良性，客户股价崩盘风险对企业的溢出效应也越强；（3）进一步研究发现，企业自身的特征、双方关系的持续性等也能影响客户股价崩盘风险的溢出效应；（4）为了证实此种溢出效应确实基于供应链关系，而不是纯粹统计意义上的显著关系或其他原因所致，本章采用 Rosenbaum and Rubin（1983）提出的倾向评分匹配法进行并通过了一系列稳健性检验。

本章研究进一步打开了"客户与企业股价崩盘风险"关系的黑匣子，从股价崩盘风险角度验证了供应链上溢出效应的存在，即客户与企业之间"一荣俱荣、一损俱损"。同时，本章还说明企业股价崩盘风险可能源自企业自身，也可能来自客户等外部环境，而且相对于企业自身原因导致的股价崩盘风险，来自客户传染效应的股价崩盘风险的可预见性与可控性较弱，因此企业必须关注客户风险信号并及早应对。

第八章

研究结论与展望

股价崩盘不仅严重损害股东的利益，动摇投资者对资本市场的信心，也不利于金融市场稳定健康发展，甚至造成资源错配，危及实体经济的发展。因而从微观企业角度研究企业股价崩盘风险的影响因素和防范机制具有较强的现实意义。本书利用手工收集的中国 A 股上市公司 2007 年到 2016 年的客户信息数据，从企业的客户关系表象特征和客户具体特征两个方面讨论客户对企业股价崩盘风险的影响及其作用机理。通过系统的实证分析得出了一些有价值的结论。

一、主要结论

本书利用手工收集的客户信息数据，主要研究客户是否以及如何影响企业的股价崩盘风险。本书首先从横向客户关系（客户集中度）角度分析客户是否会对企业股价崩盘风险产生影响；然后，从纵向客户关系（客户稳定性）

角度分析客户是否对企业股价崩盘风险有影响及其作用机理；最后，通过将客户名称与数据库上市公司名称进行匹配和百度查询等方式确定客户为上市公司的样本，利用企业和客户均为上市公司的"企业—客户—年度"样本进一步探究客户如何影响企业股价崩盘风险。具体而言，本书选择客户盈利能力这一综合性财务指标和客户股价崩盘风险这一资本市场特征两个视角，进一步探究客户具体特征与企业股价崩盘风险之间的关系。

研究结果发现：第一，较高的客户集中度能降低企业的股价崩盘风险，特别是当企业披露了前五大客户的销售金额或销售占比或具体名称等明细信息时，客户集中度与企业股价崩盘风险之间的负相关关系更强。即客户的信号传递效应确实存在；第二，客户稳定性与企业股价崩盘风险显著负相关，特别是将客户集中度与客户稳定性综合起来看，客户集中度单方面无法提高企业未来的盈利能力，而稳定的客户有利于企业未来盈利能力的提升和盈余波动性的降低。即客户的监督效应确实存在；第三，客户盈利能力与企业未来的股价崩盘风险显著负相关，且当客户或企业信息透明度较高、客户或企业关系较稳定以及客户或企业盈利波动较小时，客户盈利能力与企业未来股价崩盘风险之间的负相关关系更显著，即客户的支持效应确实存在；第四，客户股价崩盘风险对企业具有溢出效应，且双方依赖性越强、专有化投资越多，关系越密切，客户股价崩盘风险对企业股价崩盘风险之间的负相关关系越强，即客户的溢出效应确实存在。

二、研究启示与建议

本书研究的主要贡献体现在以下几个方面：第一，现有文献主要从债权人、审计师、媒体、分析师等角度分析企业的利益相关者对降低股价崩盘风险的治理效应，从客户这一重要的利益相关者角度研究其对股价崩盘风险的文献相对较少,本书从客户关系表象特征和客户具体特征两个方面研究客户对企业股价崩盘风险的影响及作用机理,横向拓展了股价崩盘风险的相关文献。第二,不同于西方文献,中国特有的制度背景为我们研究中国式客户关系提供了丰富的数据,与西方主要关注客户集中度文献不同,本书从客户集中度、客户稳定性、客户盈利能力以及客户股价崩盘风险等四个维度系统全面衡量客户关系,深入探讨中国式客户关系对企业资本市场表现的影响,有利于丰富客户关系相关文献。此外,本书的研究也对资本市场的企业、投资者、监管机构具有一定的启示:

(一) 对企业的启示与建议

本书的研究发现客户对企业股价崩盘风险有着重要影响,不仅企业自身披露的客户集中度和客户稳定性等信息可以缓解管理者和所有者之间的信息不对称问题,降低企业的股价崩盘风险,而且客户的具体特征也会通过支持效应和供应链溢出效应影响企业股价崩盘风险,即盈利能力较强的客户有利于降低企业股价崩盘风险,而股价崩盘风险较大的客户也可能增加企业股价崩盘风险。因而,企业应该对客户予以高度的重视,在披露客户信息时,当企业的客户较稳定时,可以充分披露客户等非财务信息,降低信息不对称;在选择客户关系时,应尽量选择盈利能力较强的下游公司作为其主要客户;在维护客户关系时,也应该时刻关注客户的经营状况和风险,做好积极防范措施。

(二) 对投资者的启示与建议

本书研究发现客户可以多角度地影响企业股价崩盘风险,即便企业自身没有隐藏坏消息,企业也会因为受客户股价崩盘风险的牵连而增加股价崩盘的概率;而当客户盈利能力较强时,企业由于受到客户的支持,股价崩盘风险也较小。因此,投资者可以要求上市公司披露更多的客户信息，并且在进行股票投资时密切关注企业的下游企业，以便更全面了解所持有公司的信息，降低投资风险，提高投资收益。

（三）对相关监管机构的启示与建议

本书的研究说明，盈利能力较好的客户可以降低企业股价崩盘风险，而风险较高的客户也可能增加企业股价崩盘风险。而客户具体名称和销售金额等信息的披露有利于市场参与者进一步获得客户信息、促进对公司信息的理解。因而，中国证监会强制要求企业披露客户的具体名称等信息可能对资本市场的稳定发展具有一定的积极意义，即利于降低股价崩盘风险、维护投资者的利益、促进资本市场的健康发展。根据相关准则的规定，中国证监会目前要求企业强制披露其前五名客户销售占比合计数，鼓励企业披露其客户的具体名称和销售金额，即中国证监会对于客户具体名称等信息的披露要求尚处于摸索阶段。本书的研究结论为有关监管机构通过强化非财务信息披露的准则以促进资本市场的健康发展的政策提供了经验证据的支持，也启示相关监管机构可以更多地要求企业披露客户等非财务信息。

三、未来研究方向与展望

本书选取中国A股上市公司2007年到2016年的客户信息数据，主要研究客户是否以及如何影响企业的股价崩盘风险。在进行文献回顾和制度背景梳理后，笔者首先从横向和纵向客户关系角度分析客户是否会对企业股价崩盘风险产生影响。然后选择客户盈利能力和客户股价崩盘风险这两个具体客户特征，进一步探究客户如何对企业股价崩盘风险产生影响。虽然本书的研究具有一定的理论和现实意义，但仍然存在着以下不足：

第一，本书研究的客户信息数据是从年度财务报告中手工收集的，虽然在数据收集过程中使用计算机程序设计这一人工智能技术提高效率、对程序提取的数据进行大样本抽查、将自己人工收集的数据与 CSMAR 数据库中数据进行比对等方式以保证手工收集数据的准确性，但仍然无法保证数据 100% 准确。

第二，在探究横向和纵向客户关系对企业股价崩盘风险影响时，本书选取中国 A 股上市公司 2007 年到 2016 年的披露前五大客户销售占比合计数的公司数据作为研究样本的起点，由于并不是所有公司都披露了该合计数，因而本书的研究样本并未包含该年度区间的所有上市公司，可能存在样本自选择问题。虽然本书采用了 Heckman 两阶段回归方法以及 2SLS 两阶段方法加以控制，但也不能完全排除样本自选择问题对研究结论可能的影响。

第三，在探究客户盈利能力和客户股价崩盘风险对企业股价崩盘风险影响时，本书选取中国 A 股上市公司 2007 年到 2016 年的客户与企业都是上市公司的数据作为研究样本的起点，可能存在遗漏变量导致的内生性问题。尽管采用 PSM 方法在一种程度上完善了验证逻辑，但由于没有办法匹配所有因素，而且也不能保障本书的控制变量就是股价崩盘风险的所有因素，因此无法完全排除本书所说的溢出效应是由于其他原因所致。

未来可从以下几个方面进行拓展研究：

第一，本文从企业的客户表象关系和客户具体特征两个方面讨论客户对企业股价崩盘风险的影响。特别是，从客户的具体特征方面，重点分析客户的盈利能力和股价崩盘风险这两个特征能否对企业的股价崩盘风险产生影响。但客户的其他特征，如客户的管理层讨论信息含量、客户是否存在经营风险、客户是否存在违约风险、客户的未来经营状况预测等也可能对企业的崩盘风险产生重要影响，可以进一步研究。

第二，在研究客户的具体特征对企业股价崩盘风险影响时，由于非上市公司的具体特征数据难以获得，仅仅将企业与客户均为上市公司的样本作为研究对象，而不包括客户为非上市公司的样本。事实上，非上市公司的部分信息，如基础财务信息可以通过查询"国家企业信用信息公示系统"或浏览公司网站等方式获得，在后续研究中，可以在此方面进行拓展。

第三，本书的研究显示，客户特征对企业股价崩盘风险具有重大影响，那从投资者角度来看，可否将企业和客户同时纳入其投资组合，获取更大的投资收益？一方面，同时拥有供应链上下游公司股票，有利于投资者获取私人信息，进一步了解所投资的股票；另一方面，当一方风险较高时，企业与客户"一荣俱荣、一损俱损"的经济联系可能会使投资者的风险成倍增加。从投资者角度出发，该如何进行投资组合降低风险，扩大收益，是未来可以研究的方向之一。

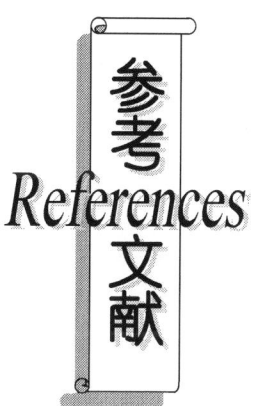

1. 曹丰, 鲁冰, 李争光, 徐凯. 机构投资者降低了股价崩盘风险吗？会计研究. 2015（11）.

2. 陈峻, 王雄元, 彭旋. 环境不确定性、客户集中度与权益资本成本. 会计研究. 2015（11）.

3. 陈晓, 秦跃红. "庄家"与信息披露的质量. 管理世界. 2003（3）.

4. 陈正林. 客户集中、行业竞争与商业信用. 会计研究. 2017（11）.

5. 褚剑, 方军雄. 中国式融资融券制度安排与股价崩盘风险的恶化. 经济研究. 2016（5）.

6. 江轩宇. 税收征管、税收激进与股价崩盘风险. 南开管理评论. 2013（5）.

7. 江轩宇, 伊志宏. 审计行业专长与股价崩盘风险. 中国会计评论. 2013（2）.

8. 李欢,郑妘娉,李丹. 大客户能够提升上市公司业绩吗?——基于我国供应链客户关系的研究. 会计研究. 2018 (4).

9. 李小荣,刘行. CEO vs CFO:性别与股价崩盘风险. 世界经济. 2012 (12).

10. 李志生,杜爽,林秉旋. 卖空交易与股票价格稳定性——来自中国融资融券市场的自然实验. 金融研究. 2015 (6).

11. 李小荣,张瑞君,董红晔. 债务诉讼与股价崩盘风险. 中国会计评论. 2014 (2).

12. 梁琪,余峰燕. 金融危机、国有股权与资本投资. 经济研究. 2014 (4).

13. 梁权熙,曾海舰. 独立董事制度改革、独立董事的独立性与股价崩盘风险. 管理世界. 2016 (3).

14. 陆正飞,祝继高,孙便霞. 盈余管理、会计信息与银行债务契约. 管理世界. 2008 (3).

15. 罗进辉,杜兴强. 媒体报道、制度环境与股价崩盘风险. 会计研究. 2014 (9).

16. 孟庆斌,杨俊华,鲁冰. 管理层讨论与分析披露的信息含量与股价崩盘风险——基于文本向量化方法的研究. 中国工业经济. 2017 (12).

17. 孟庆斌,侯德帅,汪叔夜. 融券卖空与股价崩盘风险——基于中国股票市场的经验证据. 管理世界. 2018 (4).

18. 孟庆玺,白俊,施文. 客户集中度与企业技术创新:助力抑或阻碍——基于客户个体特征的研究. 南开管理评论. 2018 (4).

19. 潘越,戴亦一,林超群. 信息不透明、分析师关注与个股暴跌风险. 金融研究. 2011 (9).

20. 彭旋. 我国上市公司客户信息披露的现状分析. 会计之

友. 2016（5）.

21. 彭旋，王雄元. 客户信息披露降低了企业股价崩盘风险么. 山西财经大学学报. 2016（5）.

22. 平新乔，杨慕云. 信贷市场信息不对称的实证研究——来自中国国有商业银行的证据. 金融研究. 2009（3）.

23. 苏振东，洪玉娟，刘璐瑶. 政府生产性补贴是否促进了中国企业出口？——基于制造业企业面板数据的微观计量分析. 管理世界. 2012（5）.

24. 唐跃军. 供应商、经销商议价能力与公司业绩——来自2005—2007年中国制造业上市公司的经验证据. 中国工业经济. 2010（10）.

25. 田利辉，王可第. 社会责任信息披露的"掩饰效应"和上市公司崩盘风险——来自中国股票市场的DID-PSM分析. 管理世界. 2017（11）.

26. 万东灿. 审计收费与股价崩盘风险. 审计研究. 2015（6）.

27. 王化成，曹丰，高升好，等. 投资者保护与股崩盘风险. 财贸经济. 2014（10）.

28. 王化成，曹丰，叶康涛. 监督还是掏空：大股东持股比例与股价崩盘风险. 管理世界. 2015（2）.

29. 王雄元，彭旋. 稳定客户提高了分析师对企业盈余预测的准确性么. 金融研究. 2016（5）.

30. 王雄元，彭旋，王鹏. 货币政策、稳定客户关系与强势买方商业信用. 财务研究. 2015（6）.

31. 王雄元，王鹏，张金萍. 客户集中度与审计费用：客户风险抑或供应链整合. 审计研究. 2014（6）.

32. 王雄元，喻长秋. 专有化成本与公司自愿性信息披露——基于客户信息披露的分析. 财经研究. 2014（12）.

33. 王艳艳, 于李胜, 王晓珂. 会计稳健性、贷款抵押与银企所有权模式. 会计研究. 2014（12）.

34. 吴战篪, 李晓龙. 内部人抛售、信息环境与股价崩盘. 会计研究. 2015（6）.

35. 肖土盛, 宋顺林, 李路. 信息披露质量与股价崩盘风险：分析师预测的中介作用. 2017（2）.

36. 熊家财. 审计行业专长与股价崩盘风险——基于信息不对称与异质信念视角的检验. 审计与经济研究. 2015（6）.

37. 许年行, 江轩宇, 伊志宏, 等. 分析师利益冲突、乐观偏差与股价崩盘风险. 经济研究. 2012（7）.

38. 许年行, 于上尧, 伊志宏. 机构投资者羊群行为与股价崩盘风险. 管理世界. 2013（7）.

38. 杨清香, 姚静怡, 张晋. 与客户共享审计师能降低公司的财务重述吗？——来自中国上市公司的经验证据. 会计研究. 2015（6）.

40. 叶康涛, 曹丰, 王化成. 内部控制信息披露能够降低股价崩盘风险吗. 金融研究. 2015（2）.

41. 俞鸿林. SEO 后业绩下滑之谜：过度投资假说及检验. 经济管理. 2011（11）.

42. 张宏亮, 王靖宇. 公司层面的投资者保护能降低股价崩盘风险吗. 会计研究. 2018（10）.

43. 张敏, 马黎珺, 张胜. 供应商—客户关系与审计师选择. 会计研究. 2012（12）.

44. 张晓宇, 徐龙炳. 限售股解禁、资本运作与股价崩盘风险. 金融研究. 2017（11）.

45. 张志宏, 陈峻. 客户集中度对企业现金持有水平的影响——基于 A 股制造业上市公司的实证分析. 财贸研究. 2015（5）.

46. Abreu D. , Brunnermeier M. K. , Bubbles and crashes, *Econometrica*, 2003, 71（1）: 174 - 204.

47. Ahern K. R. , Bargaining power andindustry dependencein mergers, *Journal of Financial Economics*, 2012, 103（3）: 530 - 550.

48. Ak B. K. , Patatoukas P. N. , Customer-base concentration and inventory efficiencies: evidence from the manufacturing sector, *The Production and Operations Management Journal*, 2016, 25（2）: 258 - 272.

49. Albuquerque A. M. , Papadakis G. , Wysocki P. D. , The impact of risk on CEO equity incentives: evidence from customer concentration. *Working paper*, 2014.

50. Alldredge D. M. , Cicero D. C. , Attentiveinsider trading, *Journal of Financial Economics*, 2015, 115（1）: 86 - 101.

51. Anderson E. W. , Mansi S. A. , Does customer satisfaction matter toinvestors? Findings from the bond market, *Journal of Marketing Research*, 2009, 46（5）: 704 - 714.

52. Anderson S. W. , Dekker H. C. , Strategic cost Managementin supply chains, part 2: Executional cost management, *Accounting Horizons*, 2009, 23（3）: 289 - 305.

53. Aobdia D. , Caskey J. , Ozel N. B. , Inter-industry network structure and the cross-predictability of earnings and stock returns, *Review of Accounting Studies*, 2014, 19（3）: 1191 - 1224.

54. Arnold V. , Benford T. S. , Canada J. et al, The unintended consequences of Sarbanes-Oxley on technology innovation and sup-

ply chain integration, *Journal of Emerging Technologies in Accounting*, 2007, 4 (1): 104 – 121.

55. Arnold V., Benford T. S., Hampton C. et al, Enterprise risk management as a strategic governance mechanism in B2B-enabled transnational supply chains, *The journal of information systems*, 2012, 26 (1): 51 – 76.

56. Arya A., Mittendorf B., Supply chains and segment profitability: how input pricing creates a latent cross-segment subsidy, *The Accounting Review*, 2011, 86 (3): 807 – 824.

57. Arya A., Mittendorf B., Interacting supply chain distortions: the pricing of internal transfers and external procurement, *The Accounting Review*, 2007, 82 (3): 551 – 580.

58. Baldenius T., Intrafirm trade, bargaining power, and specific investments, *Review of Accounting Studies*, 2000, 5 (1): 27 – 56.

59. Banerjee S., Dasgupta S., Kim Y., Buyer-supplier relationships and the stakeholder theory of capital structure, *The Journal of Finance*, 2008, 63 (5): 2507 – 2552.

60. Becker S. O., Ichino A., Estimation of average treatment effects based on propensity scores, *The stata journal*, 2002, 2 (4): 358 – 377.

61. Bekaert G., Ehrmann M., Fratzscher M. et al., The global crisis and equity market contagion, *The Journal of Finance*, 2014, 69 (6): 2597 – 2649.

62. Bereskin F. L., Cicero D. C., CEO compensation contagion: evidence from an exogenous shock, *Journal of Financial Economics*, 2013, 107 (2): 477 – 493.

63. Berger A. N., Frame W. S., Ioannidou V., Tests of exante versus expost theories of collateral using private and public information, *Journal of Financial Economics*, 2011, 100 (1): 87 – 97.

64. Bleck A., Liu X., Market transparency and the accounting regime, *Journal of Accounting Research*, 2007, 45 (2): 229 – 256.

65. Bonacchi M, Kolev K, Lev B., Customer franchise—a hidden, yet crucial asset, *Contemporary Accounting Research*, 2015, 32 (3): 1026 – 1049.

66. Boyer B. H., Kumagai T., Yuan K., How do crises spread? evidence from accessible and inaccessible stock indices, *The Journal of Finance*, 2006, 61 (2): 957 – 1003.

67. Brown D. T., Fee C. E., Thomas S. E., Financial leverage and bargaining power with suppliers: Evidence from leveraged buyouts, *Journal of Corporate Finance*, 2009, 15 (2): 196 – 211.

68. Callen J. L., Fang X., Religion and stock price crash risk, *Journal of Financial and Quantitative Analysis*, 2015, 50 (12): 169 – 195.

69. Callen J. L., Fang X., Institutional investor stability and crash risk: monitoring versus short-termism?, *Journal of Banking & Finance*, 2013, 37 (8): 3047 – 3063.

70. Campello M., Gao J., Customer concentration and loan contract terms, *Journal of Financial Economics*, 2017, 123 (1): 108 – 136.

71. Cao H. H., Coval J. D., Hirshleifer D., Sidelinedinvestors, Trading-generated news, and security returns, *Review of Fi-*

nancial Studies, 2002, 15 (2): 617 – 648.

72. Caporale G. M., Cipollini A., Spagnolo N., Testing for contagion: a conditional correlation analysis, *Journal of Empirical Finance*, 2005, 12 (3): 476 – 489.

73. Cen L., Chen F., Hou Y. et al., Customer-supplier relationships and strategic disclosures of litigation loss contingencies, *Working Paper*, 2014.

74. Cen L., Maydew E. L., Zhang L. et al., Customer-supplier relationships and corporate tax avoidance, *Journal of Financial Economics*, 2017, 123 (2): 377 – 394.

75. Cespa G., Foucault T., Illiquidity contagion and liquidity crashes, *Review of Financial Studies*, 2014, 27 (6): 1617 – 1660.

76. Chen C. X., Matsumura E. M., Shin J. Y. et al., The effect of competition intensity and competition type on the use of customer satisfaction measuresin executive annual bonus contracts, *The Accounting Review*, 2015, 90 (1): 229 – 263.

77. Chen J., Chang H., Chen H. et al., The effect of supply chain knowledge spillovers on audit pricing, *Journal of Management Accounting Research*, 2014, 26 (1): 84 – 100.

78. Chen J., Hong H., Stein J. C., Forecasting crashes: trading volume, past returns, and conditional skewnessin stock prices, *Journal of Financial Economics*, 2001, 61 (3): 347 – 381.

79. Cheng C. A., Eshleman J. D., Does the market overweight imprecise information? evidence from customer earnings announcements, *Review of Accounting Studies*, 2014, 19 (3): 1127 – 1151.

80. Chiu P., Teoh S. H., Tian F., Boardinterlocks and earnings management contagion, *The Accounting Review*, 2012, 88

(3): 917 – 944.

81. Chu Y., Optimal capital structure, bargaining, and the supplier market structure, *Journal of Financial Economics*, 2012, 106 (2): 411 – 426.

82. Chu Y., Wang L., Capital Structure along the Supply Chain: how does customer leverage affect supplier leverage decisions? *Quarterly Journal of Finance*, 2017, 7 (4): 411 – 426.

83. Cohen D. A., Li B., Why do firms hold less cash? A customer base explanation, *Working Paper*, 2014.

84. Cohen L., Frazzini A., Economic links and predictable returns, *The Journal of Finance*, 2008, 63 (4): 1977 – 2011.

85. Colson R. H., Bloomfield R., Christensen T. E. et al, Response to the financial accounting standards board's and the international accounting standards board's joint discussion paper entitled preliminary views on revenue recognitionin contracts with customers, *Accounting horizons*, 2010, 24 (4): 689 – 702.

86. Costello A. M., Mitigating incentive conflicts ininter-firm relationships: evidence from long-term supply contracts, *Journal of Accounting and Economics*, 2013, 56 (1): 19 – 39.

87. DeFond M. L., Hung M., Li S. et al., Does nandatory IFRS adoption affect crash risk? *The Accounting Review*, 2015, 90 (1): 267 – 299.

88. Desai M. A., Dharmapala D., Corporate tax avoidance and high-powered incentives, *Journal of Financial Economics*, 2006, 79 (1): 147 – 179.

89. Dhaliwal D., Judd J. S., Serfling M. et al., Customer concentration risk and the cost of equity capital, *Journal of Account-*

ing and Economics, 2015.

90. Dou Y., Hope O., Thomas W. B., Relationship-specificity, contract enforceability, and income smoothing, *The Accounting Review*, 2013, 88 (5): 1629 – 1656.

91. Drake A. R., Haka S. F., Does ABC information exacerbate hold-up problems in buyer-supplier negotiations? *The Accounting Review*, 2008, 83 (1): 29 – 60.

92. Elliott M., Golub B., Jackson M. O., Financial networks and contagion, *American Economic Review*, 2014, 104 (10): 3117 – 3153.

93. Ellis J. A., Fee C. E., Thomas S. E., Proprietary costs and the disclosure of information about customers, *Journal of Accounting Research*, 2012, 50 (3): 687 – 727.

94. Fee C. E., Thomas S., Sources of gainsin horizontal mergers: evidence from customer, supplier, and rival firms, *Journal of Financial Economics*, 2004, 74 (3): 424 – 460.

95. Files R., Gurun U. G., Lenders' response to peer and customer restatements, *Contemporary Accounting Research*, 2018, 35 (1): 464 – 493.

96. Francis J. R., Michas P. N., The contagion effect of low-quality audits, *The Accounting Review*, 2012, 88 (2): 521 – 552.

97. Garleanu N., Panageas S., Yu J., Financial entanglement: a theory of incomplete integration, leverage, crashes, and contagion, *Working Paper*, 2015.

98. Gleason C. A., Jenkins N. T., Johnson W. B., The contagion effects of accounting eestatements, *The Accounting Review*, 2008, 83 (1): 84 – 110.

99. Gong G. , Luo S. , Supply chain lending and accounting conservatism, Working Paper, 2014.

100. Gosman M. L. , Kelly T. , Big customers and their suppliers: a case examining changesin business relationships and their financial effects, *Accounting Education*, 2002, 17 (1): 41 –56.

101. Gosman M. L. , Kohlbeck M. J. , Effects of the existence and identity of major customers on supplier profitability: is Wal-Mart different?, *Journal of Management Accounting Research*, 2009, 21 (1): 179 –201.

102. Guan Y. , Wong M. F. , Zhang Y. , Analyst following along the supply chain, *Review of Accounting Studies*, 2015, 20 (1): 210 –241.

103. Habib A. , Hasan M. M. , Bhuiyan M. et al. , Customer concentration, corporate social responsibility and idiosyncratic risk, *Working Paper*, 2015.

104. Hann R. N. , A discussion of "inter-industry network structure and the cross-predictability of earnings and stock returns" [J] . *Review of accounting studies*, 2014, 19 (3): 1227 –1233.

105. He Z. , Krolikowski M. , Yuan X. , How do customer-supplier relationships Affect innovation? *Working paper*, 2014.

106. Hennessy C. A. , Livdan D. , Debt, bargaining, and credibility in firm-supplier relationships, *Journal of Financial Economics*, 2009, 93 (3): 382 –399.

107. Huang H. H. , Gerald J. , Chong L. , et al. , Customer concentration and corporate tax avoidance [J] . Journal of Banking and Finance, 2016, 72.

108. Hertzel M. , Li Z. , Officer M. , Inter-firm linkages and

the wealth effects of financial distress along the supply chain, *Journal of Financial Economics*, 2008, 87 (2): 376 – 387.

109. Hong H., Stein J. C., Differences of opinion, short-sales constraints, and market crashes, *Review of Financial Studies*, 2003, 16 (2): 487 – 525.

110. Hong Y., Vaidya J., Wang S., A survey of privacy-aware supply chain collaboration: From theory to applications, *Journal ofinformation Systems*, 2013, 28 (1): 244 – 268.

111. Hui K. W., Klasa S., Yeung P. E., Corporate suppliers and customers and accounting conservatism, *Journal of Accounting and Economics*, 2012, 53 (1): 117 – 135.

112. Hutton A. P., Marcus A. J., Tehranian H., Opaque financial reports, R2, and crash risk, *Journal of Financial Economics*, 2009, 94 (1): 67 – 86.

113. Inci A. C., Li H. C., McCarthy J., Financial contagion: A local correlation analysis, *Researchininternational Business and Finance*, 2011, 25 (1): 11 – 25.

114. Intintoli V., Serfling M. A., Shaikh S., CEO turnovers and disruptionsin customer-supplier relationships. *Working Paper*, 2014.

115. Irvine P. J., Park S. S., Yildizhan C., Customer-base concentration, profitability and distress across the corporate life cycle. *The Accounting Review*, 2016, 91 (3): 883 – 906.

116. Islam M., Yang Y. F., Mia L., The impact of company learning and growth capabilities on the customer-related performance, *Benchmarking*, 2012, 19 (2): 137 – 158.

117. Itzkowitz J., Customers and cash: How relationships af-

fect suppliers' cash holdings, *Journal of Corporate Finance*, 2013, 19: 159 – 180.

118. Jin L., Myers S. C., R2 around the world: new theory and new tests, *Journal of Financial Economics*, 2006, 79 (2): 257 – 292.

119. Johnson W. C., Karpoff J. M., Yi S., The bonding hypothesis of takeover defenses: Evidence from IPO firms, *Journal of Financial Economics*, 2015.

120. Johnstone K. M., Li C., Luo S., Client-auditor supply chain relationships, audit quality, and audit pricing, *Auditing: A Journal of Practice & Theory*, 2014, 33 (4): 119 – 166.

121. Kale J. R., Shahrur H., Corporate capital structure and the characteristics of suppliers and customers, *Journal of Financial Economics*, 2007, 83 (2): 321 – 365.

122. Kang J., Liu W., Yi S. et al., Monitoring role of customer firms in suppliers andits effect on supplier value: Evidence from block acquisitions of suppliers by customer firms, *Journal of Financialintermediation*, 2014.

123. Kim J., Li Y, Zhang L., CFOs versus CEOs: Equity incentives and crashes, *Journal of Financial Economics*, 2011, 101 (3): 714 – 730.

124. Kim J., Li Y., Zhang L., Corporate tax avoidance and stock price crash risk: Firm-level analysis, *Journal of Financial Economics*, 2011, 100 (3): 639 – 662.

125. Kim J., Srinidhi B., Zhang H., Do qualitative aspects of customers' forward-looking information matter for suppliers' performance? evidence from a textual analysis of management Forecast Re-

ports, *Working Paper*, 2015.

126. Kim J., Zhang L., Accounting conservatism and stock price crash risk: firm-level evidence, *Contemporary Accounting Research*, 2016, 33 (1): 412-441.

127. Kim Y., Li H., Li S., Corporate social responsibility and stock price crash risk, *Journal of Banking & Finance*, 2014, 43: 1-13.

128. Kim Y, H, Henderson D., Financial benefits and risks of dependency in triadic supply chain relationships, *Journal of Operations Management*, 2015, 36: 117-129.

129. Kim Y. H., Wemmerlov U., Does a supplier's operational competence translate into Financial Performance? An empirical analysis of supplier-customer relationships, *Decision Sciences*, 2014.

130. Koh W. C., Teoh S. H., Tham T. M., How major customers affect supplier loan yield and covenants. *Working Paper*, 2011.

131. Krishnan R., Miller F., Sedatole K., The use of collaborative interfirm contractsin the presence of task and demand uncertainty, *Contemporary Accounting Research*, 2011, 28 (4): 1397-1422.

132. Leitner Y., Financial networks: contagion, commitment, and private sector bailouts, *The Journal of Finance*, 2005, 60 (6): 2927-2953.

133. Li N., Yang Z C., Customer relationship and debt contracting, *Working Paper*, 2011.

134. Li Y., Lin Y., Zhang L., Trade secrets law and corporate disclosure: causal evidence on the proprietary cost hypothesis, *Journal of Accounting Research*, 2018, 56 (1): 263-308.

135. Liu Q., Serfes K., Customer information sharing among rival

firms, *European Economic Review*, 2006, 50 (6): 1571-1600.

136. Luo S., Nagarajan N. J., Information complement arities and supply chain analysts, *The Accounting Review*, 2014.

137. Luo X., Kanuri V. K., Andrews M., How does CEO tenure matter? the mediating role of firm-employee and firm-customer relationships, *Strategic Management Journal*, 2014, 35 (4): 492-511.

138. Madsen J. M., Consequences of scheduled earnings announcements: evidence from customer-supplier relationships. *Journal of Accounting Research* 2017, 55 (3): 709-741.

139. Manz M., Information-based contagion and the implications for financial fragility, *European Economic Review*, 2010, 54 (7): 900-910.

140. Mateut S., Mizen P., Ziane Y., Supplier-customer relationships and the interactions between inventories and trade credit, NUBS Research Paper Series, 2011.

141. Menzly L., Ozbas O., Market segmentation and cross-predictability of returns, *The Journal of Finance*, 2010, 65 (4): 1557-1580.

142. Mihov A., Naranjo A., Customer-base concentration and the transmission of idiosyncratic volatility along the vertical chain. *Working paper*, 2014.

143. Mistrulli P. E., Assessing financial contagionin the interbank market: maximum entropy versus observed interbank lending patterns, *Journal of Banking & Finance*, 2011, 35 (5): 1116-1127.

144. Mitchener K. J., Richardson G., Shadowy banks and financial contagion during the great depression: a retrospective on

friedman and schwartz, *American Economic Review*, 2013, 103 (3): 74 – 78.

145. Morck R., Yeung B., Yu W., The information content of stock markets: why do emerging markets have synchronous stock price movements?, *Journal of Financial Economics*, 2000, 58 (1): 217 – 260.

146. Oh F. D., Contagion of a liquidity crisis between two firms, *Journal of Financial Economics*, 2013, 107 (2): 386 – 400.

147. Pandit S., Wasley C. E., Zach T., Information externalities along the supply chain: the economic determinants of suppliers' stock price reaction to their customers' earnings announcements, *Contemporary Accounting Research*, 2011, 28 (4): 1306 – 1343.

148. Patatoukas P. N., Customer-base concentration: implications for firm performance and capital markets, *The Accounting Review*, 2012, 87 (2): 364 – 392.

149. Raman K., Shahrur H., Relationship-specific investments and earnings management: evidence on corporate suppliers and customers, *The Accounting Review*, 2008, 83 (4): 1041 – 1081.

150. Rosenbaum P. R., Rubin D. B., The central role of the propensity score in observational studies for causal effects, *Biometrika*, 1983, 70 (1): 41 – 55.

151. Schloetzer J. D., Process integration and information sharing in supply chains, *The Accounting Review*, 2012, 87 (3): 1007 – 1032.

152. Shahrur H., Industry structure and horizontal takeovers: analysis of wealth effects on rivals, suppliers, and corporate custom-

ers, *Journal of Financial Economics*, 2005, 76 (1): 61-98.

153. Shiller R. J., Investor behavior in the october 1987 stock market crash: survey evidence, *National Bureau of Economic Research Cambridge*, Mass., USA, 1987.

154. Sloan R., Do Stock Prices Fully reflect information in accruals and cash flows about future earnings? *Accounting review*, 1996, 71 (3): 289-315.

155. Van D. A., Roodhooft F., Warlop L., The effect of cost information on buyer-supplier negotiations in different power settings, *Accounting, organizations and society*, 2009, 34 (2): 247-266.

156. Van H., Customer market power and the provision of trade credit: evidence from eastern europe and central asia, *Working Paper*, 2007.

157. Wang J, Do firms' relationships with principal customers/suppliers affect shareholders' income? *Journal of Corporate Finance*, 2012, 18 (4): 860-878.

158. Wu J. S., Zang A. Y., What determine financial analysts' career outcomes during mergers? *Journal of Accounting and Economics*, 2009, 47 (1): 59-86.

159. Xu N., Chan K. C., Jiang X. et al., Do star analysts know more firm-specific information? evidence from China, *Journal of Banking & Finance*, 2013, 37 (1): 89-102.

160. Xu N., Li X., Yuan Q. et al., Excess perks and stock price crash risk: evidence from China, *Journal of Corporate Finance*, 2014, 25: 419-434.

161. Zang Y., Choi J., Jeong-Bon K. et al., The effect on audit quality of auditing along the supply chain, *Working paper*, 2013.